コツコツ学ぶ

プログラミング実習

2017

江本 全志 著

はしがき

この本は、大学のプログラミング実習の授業で私が作成し配布した資料をまとめたもので、教科書として使用するために作成しました。Java 言語の基本的な使い方からブロック崩しのゲーム作成まで、練習問題と課題問題を通して学習する形となっています。授業を履修している学生のみならず、プログラミング言語を初めて学ぶ方に役立って頂けたら幸いです。

2017 年 2 月

江本　全志

目 次

第1章　プログラミング実習Ⅰ（春学期）

第１回　イントロダクション

次回からの授業のための準備を行ないます。

この授業で勉強するのは・・・

Java 言語 です。

- 無料で開発環境を手に入れられる。
- Windows, Mac, Linux など、どの環境でも使用できる。
- 金融機関・オンラインショップなどの大規模なホームページに使われている。
- Android のアプリ作成ができる。
- C 言語と似ている。

使う開発環境は・・・

- Eclipse（エクリプス） です。
- IBM によって開発された統合開発環境。高機能ながらオープンソース。
- Java をはじめとするいくつかの言語に対応。
- Eclipse 自体は Java で記述されている。（WikiPedia より）

プログラミング実習Ⅰ（春学期）の授業内容

- プログラムの実行
- 画面出力
- 変数
- キーボード入力
- 演算子
- 条件文（if 文、論理演算子、switch 文）
- 繰り返し文（for 文、while 文、do-while 文）
- 配列

成績について

- 平常点　30%　授業への参加度や貢献度、授業中の態度など。
- 課題レポート　30%
- テスト　40%

その他

- お知らせなどは Oh-o! Meiji で掲示します。
- 出欠の取り方：　教卓の PC にある出席管理ソフトで自動的に出席を取ります。
- 遅刻は平常点を減点します。

授業用のフォルダの作成

- デスクトップの「MyDocs (X)」：　個人のデータ保存領域　300MB
- ここに「プログラミング実習」というフォルダを作成します。
  この授業で作成するファイルはこのフォルダに保存します。

動作チェック

- Eclipse を起動します。
- 「ファイル」→「新規」→「Java プロジェクト」をクリックし、
  プロジェクト名を「test」にし、「完了」をクリックしましょう。
- 「test」→「src」の上で、右ボタン→「新規」→「クラス」を選び、
  名前を「hello」にし、「完了」をクリックしましょう。
- 以下のプログラムを書きましょう。

```
public class hello {
    public static void main(String [] args) {
        System.out.println("こんにちは！！");
    }
}
```

- 「実行」→「実行」をし、下の方に「こんにちは！！」が出れば OK。

スキルチェック

- Oh-o! Meiji の「アンケート」→「スキルチェック」を行ないましょう。

第２回　Eclipse の基本操作

Eclipse での Java プログラムの書き方、実行の仕方を学びます。

Eclipse での Java プログラミングの準備

- Eclipse を起動します。
- 「ファイル」→「新規」→「Java プロジェクト」
- 「デフォルト・ロケーションを使用」のチェックを外し、「参照」をクリックし、「MyDocs」→「プログラミング実習」を選択します。
- プロジェクト名が「プログラミング実習」になっていることを確認し、「完了」。
- 「プログラミング実習」の上で、右ボタン→「新規」→「パッケージ」をし、名前を「春学期」にし、「完了」。

練習プログラム

- 「プログラミング実習」→「src」→「春学期」の上で、右ボタン→「新規」→「クラス」をし、名前を「練習 02_1」で、「完了」。
- 以下のプログラムを書きましょう。

```
package 春学期;

public class 練習02_1 {
    public static void main(String [ ] args) {
        // 大学・学部の表示
        System.out.print("○○大学 ");
        System.out.print("◇◇学部");
        System.out.print("¥n");
        /* 今日の日付について */
        System.out.println("今日の日付は？");
        System.out.println("4月□□日です。");
        /* 素数の最初の５つ */
        System.out.print("¥"素数¥"は？¥n");
        System.out.print("2¥t3¥t5¥t7¥t11");
    }
}
```

出力結果：
○○大学　◇◇学部
今日の日付は？
4月□□日です。
"素数"は？
2　3　5　7　11

- ○○には所属する大学の名前、◇◇には所属する学部の名前を書きましょう。
- □□には今日の日付を入れましょう。
- 「実行」→「実行」をし、下の方に出力結果の文字が表示されればOKです。

画面出力

System.out.print("");	画面表示（改行しない）
System.out.println("");	画面表示（改行する）

コメント

- コメントの箇所は、プログラムとして扱われない。（実行されず無視されます。）

// コメント文	1行分をコメント。
/* コメント文 コメント文 */	/* と */ で囲まれた箇所をコメント。

エスケープシーケンス

記号	説明
¥n	改行
¥t	水平タブ
¥b	バックスペース（1文字前に戻る）
¥r	復帰（行頭に戻る）
¥'	'を表示
¥"	"を表示

今日の課題

- 課題 02_1：　以下のような 2016 年 4 月のカレンダーを表示しましょう。

```
2016 年 4 月のカレンダー
日	月	火	水	木	金	土
					1	2
3	4	5	6	7	8	9
10	11	12	13	14	15	16
17	18	19	20	21	22	23
24	25	26	27	28	29	30
```

¥t（水平タブ）
¥n（改行）

などを使いましょう。

- 課題 02_2：　国の名前、首都名、地域名を表示しましょう。

```
日本	東京	アジア
ドイツ	ベルリン	ヨーロッパ
アメリカ	ワシントン	北アメリカ
ブラジル	ブラジリア	南アメリカ
オーストラリア	キャンベラ	オセアニア
```

  - 文字の位置を揃えるのに、¥t（水平タブ）を使いましょう。

課題の提出の仕方

- 課題は Oh-o! Meiji で提出をします。　https://oh-o2.meiji.ac.jp/portal/index
- 授業のページに移り、「レポート」で提出をします。
- レポートタイトルをクリックし、「ファイル選択」で提出する課題ファイルを選択しましょう。
- 複数のファイルを提出する場合は、「行を追加」をクリックしましょう。
- 提出する課題ファイルは、「MyDocs」→「プログラミング実習」→「src」の中にあるファイルです。拡張子が java であることを確認しましょう。

プログラムを書くところのフォントの大きさの変更

- プログラムを書く画面のところで「右ボタン」→「設定」をクリックします。
- 「一般」→「外観」→「色とフォント」を選択し、
右側の画面の「Java」→「Java エディター・テキスト・フォント」をクリックし、
「編集」をクリック。文字の大きさなどを変え、「OK」します。

ファイル名（クラス名）の変更の仕方

- 左側のエクスプローラーのところで、名前を変更したいファイルの上で、
「右ボタン」→「リファクタリング」→「名前変更」をクリックし、
そこで新しい名前に変更しましょう。

プロジェクトのインポート

- 大学のパソコンでは、起動し直すと、Eclipse のプロジェクトが表示されなくなるので、毎授業、最初にプロジェクトのインポートを行ないましょう。
- 「ファイル」→「インポート」→「一般」→「既存プロジェクトをワークスペースへ」を選び、「次へ」をクリックします。
- 「ルート・ディレクトリーの選択」の「参照」ボタンをクリックし、「MyDocs」→「プログラミング実習」を選び、「OK」→「完了」をクリックしましょう。

第３回　変 数

数字や文字を記憶しておける変数について学びます。

変数の種類

分類名	型名	ビット数	値の範囲	説明
整数型	byte	8	-2^7～2^7-1 -128～127	音の振幅・色・通信データなどを表すのに使う。
	short	16	-2^{15}～$2^{15}-1$ -約３万～約３万	
	int	32	-2^{31}～$2^{31}-1$ -21 億～21 億	特に理由がない限り、整数は int を使います。
	long	64	-2^{63}～$2^{63}-1$ -約 922 京～約 922 京	数字の末尾に L を付ける。
浮動小数点型	float	32	有効桁数 7 桁	現在あまり使われない。数字の末尾に F を付ける。
	double	64	有効桁数 15 桁	特に理由がない限り、小数は double を使います。
文字型	char	16	文字 1 文字	'a'　'あ'　'明'
	String		文字列	扱える文字の長さは、約 21 億文字（int の最大値）
論理型	boolean	1	真・偽	true　false

補足：1byte=8bit、全角文字 1 文字は 2byte、半角文字 1 文字は 1byte で表現。

変数の名前の付け方

- 数字から始まる名前は付けられない。（例：1996year、2abcd など）
- 予約語は使えない。（例：if, else, for, while, int, double, void　など）
- 大文字小文字は区別される。（例：year や Year や YEAR は別の変数）
- _$以外の記号は使えない。（例：a&b、a###bcd など）

演算子

演算子	説明	演算子	説明
+	足し算	−	引き算
*	掛け算	/	割り算
%	割った時の余り		

練習プログラム

```
package 春学期;

public class 練習03_1 {
 public static void main(String [] args) {
    double width, height, area;

    width = 11.5;
    height = 5.1;
    area = width * height / 2;

    System.out.println("底辺"+width+
"cm、高さ"+height+"cm の三角形の面積は"
+area+"cm2 です。");
 }
}
```

出力結果：
底辺 11.5cm、高さ 5.1cm の三角形の面積は 29.325cm2 です。

```
package 春学期;

public class 練習03_2{
 public static void main(String [] args) {
    String univ = "明治";
    char moji1 = 'M', moji2 = 'E', moji3 =
'I', moji4 = 'J';

    System.out.println("あなたの大学は"
+univ+"("+moji1+moji2+moji3+moji4+moji3+
")大学です。");
 }
}
```

出力結果：
あなたの大学は明治(MEIJI)大学です。

今日の課題

課題 03_1：　年齢を計算して表示するプログラム

int 型で birth_year と this_year と age を宣言し、birth_year に自分の生まれた年、this_year に 2017 を入れ、this_year から birth_year を引いて age を求めましょう。

出力結果：
あなたの生まれた年は 1998 年です。
あなたの年齢は 19 歳です。

現在が 2017 年でない場合は、this_year の値を変更してください。

課題 03_2：　新幹線の速度を求めるプログラム

String 型で station1 と station2 を宣言し、station1 に東京、station2 に新大阪を入れましょう。また、double 型で kyori と jikan と speed を宣言し、kyori に 515.4、jikan に 2.55 を入れましょう。（2.55 は約 2 時間半の意味）kyori と jikan から速度を計算し、計算結果を speed に入れ、以下のように表示しましょう。

出力結果：
東京駅から新大阪駅までの距離は 515.4km です。
新幹線の速さは 202.11764705882354km/時です。

第４回　キーボード入力

キーボード入力の仕方について学びます。

キーボード入力の形式

```
package 春学期;

import java.io.*;

public class 練習04_0 {
  public static void main(String [] args) throws IOException {

    BufferedReader br = new BufferedReader(new InputStreamReader(System.in));

    String str = br.readLine();

    int num = Integer.parseInt(str);

    System.out.println("入力された数字：" +num);
  }
}
```

① 入出力関連のクラスが入っているパッケージ

② 入出力関連の例外処理を組み込む。

③ キーボードから文字列を読み込むための準備

④ １行分の読み込み。文字型の変数 str に入る。

⑤ 文字型 str を Integer.parseInt で整数型に変換し、変数 num に入れる。

文字列の変換（parse○○○メソッド）

文字列（String 型）→ 整数型（int 型）の変換

- Integer.parseInt を使います。

文字列（String 型）→ 大きな整数型（long 型）の変換

- Long.parseLong を使います。

文字列（String 型）→ 小数型（double 型）の変換

- Double.parseDouble を使います。

練習プログラム

```
package 春学期;
import java.io.*;

public class 練習04_1 {
  public static void main(String [] args) throws IOException {
    BufferedReader br = new BufferedReader(new InputStreamReader(System.in));
    System.out.println("あなたの生まれた年を入力して下さい。");
    String str = br.readLine();
    int birth_year = Integer.parseInt(str);

    int this_year = 2017, age;
    age = this_year - birth_year;

    System.out.println("あなたの年齢は"+age+"歳です。");
  }
}
```

出力結果：
あなたの生まれた年を入力して下さい。
1999
あなたの年齢は 18 歳です。

現在が 2017 年でない場合は、this_year の値を変更してください。

今日の課題

課題 04_1： りんごの個数を入力し、合計の金額を求めるプログラム

りんごの 1 個の値段を 120 円とします。
キーボード入力でりんごの個数を受け取り、int 型の num に入れましょう。double 型で合計金額を入れる変数 sum を宣言し、税（8%）込みの合計金額を求めましょう。

出力結果：
りんごの個数を入力して下さい。
3
合計金額は 388.8 円です。

課題 04_2： 三角形の面積を求めるプログラム（底辺と高さをキーボード入力）

先週の練習 03_1 のプログラムを改良します。width と height はキーボード入力。

```
System.out.print("底辺：");
String str = br.readLine();
double width = Double.parseDouble(str);
```

```
System.out.print("高さ：");
str = br.readLine();
double height = Double.parseDouble(str);
```

出力結果：
底辺：3.2
高さ：5.5
底辺 3.2cm、高さ 5.5cm の三角形の面積は 8.8cm2 です。

第5回　演算子

演算子とキャストについて学びます。

基本演算子

- ＋ ： 足し算　　－ ： 引き算　　＊ ： 掛け算
- ／ ： 割り算　　％ ： 割り算した余り

単項演算子

a++	a を 1 増やす。増える前の a	++a	a を 1 増やす。増えた後の a
a––	a を 1 減らす。減る前 の a	––a	a を 1 減らす。減った後の a

- a = 3 で、b = a++ - 2; を行なうと、a = 4、b = 1　となる。
- a = 3 で、b = ++a - 2; を行なうと、a = 4、b = 2　となる。
- a = 3 で、b = ++a - a--;を行なうと、++a は 4、a--は 4 になり、b=4-4=0 となる。

代入演算子

=	a=b+3 → b+3 の値を a に代入	+=	a+=3 → a = a+3 の意味
–=	a–=3 → a = a–3 の意味	*=	a*=3 → a = a*3 の意味
/=	a/=3 → a = a/3 の意味	%=	a%=3 → a = a%3 の意味

キャスト（型変換）

- 形式：　（変換したい型）数値・変数・式など
- 小数点から整数へ変換など、情報の損失が起こる時、キャストが必要。
- 例：　double a = 5.5;　int b = (int) a ;　a は 5 になる。小数点以下切り捨て

練習問題

プログラムの式で表現しましょう。	
d = (5a–3b) ÷ 2c	
d = 5a ÷ 3b の余り	
d = –7ab + c^5	
d = d × 3a（代入演算子で）	

a=3 の時、b はいくつ？			
b = a + 7;		b = a–– + 5;	
b = ++a + 7;		b = 7 ＊ ++a + 5;	
b = ++a + a++;		b = 3 ＊ (5 + a––);	
b = a–– – ++a;		b = 17 % a % 2;	

練習プログラム

出力結果：
① a は 3、b は-999 です。
② a は 4、b は 2 です。
③ a は 3、b は-999 です。
④ a は 3、b は 0 です。
⑤ c は 5.5、d は-999 です。
⑥ c は 5.5、d は 8 です。

```
package 春学期;

public class 練習05_1 {
    public static void main(String [] args) {

        int a=3, b=-999;
        System.out.println("① a は"+a+"、b は"+b+" です。");
        b = ++a - 2;
        System.out.println("② a は"+a+"、b は"+b+" です。");

        a=3; b=-999;
        System.out.println("③ a は"+a+"、b は"+b+" です。");
        b = ++a - a--;
        System.out.println("④ a は"+a+"、b は"+b+" です。");

        double c = 5.5;
        int d=-999;
        System.out.println("⑤ c は"+c+"、d は"+d+" です。");
        d = (int)(c+3.2);
        System.out.println("⑥ c は"+c+"、d は"+d+" です。");
    }
}
```

今日の課題

課題 05_1： 練習問題の「a=3 の時」の
「b = ++a + a++;」と「b = 17 % a % 2;」の
a と b の値をプログラムで確認しましょう。

出力結果：
① a は 3、b は-999 です。
② a は[　]、b は[　] です。
③ a は 3、b は-999 です。
④ a は[　]、b は[　] です。

課題 05_2： 三角形の面積を求めるプログラム（先週の課題 04_2 の改良）
area を int 型で宣言し、
面積の計算の式を
int 型にキャストしましょう。

出力結果：
底辺：3.2
高さ：5.5
底辺 3.2cm、高さ 5.5cm の三角形の面積は 8cm2 です。

課題 05_3： メートルをヤード・マイルに変換
メートルをキーボード入力。ヤード・マイルの値を出力。
1 メートル ＝1.0936 ヤード ＝0.00062137 マイル
double 型で meter、int 型で yard, mile を宣言。

出力結果（1）：
メートル：3456.78
3780 ヤード、2 マイル

出力結果（2）：
メートル：42195
46144 ヤード、26 マイル

第６回　条件文（１）　if 文

条件文（if 文）について学びます。

if 文の基本形式

- if (　式　)　　　：　もし〜なら
- else if(　式　)　：　それ以外で、もし〜なら
- else　　　　　　：　それ以外なら

練習プログラム

```
package 春学期;
import java.io.*;

public class 練習06_1 {
    public static void main(String [] args) throws IOException {
        BufferedReader br = new BufferedReader(new InputStreamReader(System.in));
        System.out.println("あなたの生まれた年を入力して下さい。");
        String str = br.readLine();
        int birth_year = Integer.parseInt(str);
        int this_year = 2017, age;
        String kind;
        age = this_year - birth_year;

        if(age < 6) {
            kind = "就学前";
        }
        else if(age <= 12) {
            kind = "小学生";
        }
        else {
            kind = "中学生以上";
        }
        System.out.println("あなたの年齢は"+age+"歳です。");
        System.out.println("あなたは"+kind+"です。");
    }
}
```

現在が 2017 年でない場合は、this_year の値を変更してください。

出力結果（１）:
あなたの生まれた年を入力して下さい。
1997
あなたの年齢は 20 歳です。
あなたは中学生以上です。

出力結果（２）:
あなたの生まれた年を入力して下さい。
2009
あなたの年齢は 8 歳です。
あなたは小学生です。

関係演算子

==	同じ	!=	違う
>	大きい	<	小さい
>=	以上	<=	以下

練習プログラムの解説

年齢（age）が６未満なら kind に「就学前」を入れ、それ以外で年齢が１２以下なら kind に「小学生」を入れ、それら以外なら kind に「中学生以上」を入れます。

今日の課題

課題 06_1：　練習 06_1 を改良して、以下のように表示しましょう。

6 未満	就学前	12 以下	小学生	15 以下	中学生
18 以下	高校生	22 以下	大学生	それら以外	大人

課題 06_2：　生まれた年を入力し、干支が表示されるようにしましょう。

生まれた年をキーボードで入力し、その数字を int 型の birth_year に入れましょう。
干支は、生まれた年を１２で割った時の余りの数で求めることができます。
生まれた年を１２で割った時の余りは、birth_year%12 となります。
干支は、String 型の kind を宣言し、それに入れましょう。

余り 0	さる	余り 1	とり	余り 2	いぬ	余り 3	いのしし
余り 4	ねずみ	余り 5	うし	余り 6	とら	余り 7	うさぎ
余り 8	たつ	余り 9	へび	余り 10	うま	それら以外	ひつじ

出力結果（1）：
あなたの生まれた年を入力して下さい。
1993
あなたの干支は、とりです。

出力結果（2）：
あなたの生まれた年を入力して下さい。
2000
あなたの干支は、たつです。

次のページにオプション課題があります。やらなくても OK です。行なって提出すれば、点数がプラスされます。上記の２つができてしまった人は、やってみましょう。

オプション課題

課題 06_3：　身長と体重を入力し、BMI 値を求め、肥満度を表示しましょう。

身長を double 型の height、 体重を double 型の weight、
BMI 値を double 型の bmi、 肥満度を String 型の result　で宣言し、
BMI 値は　bmi　=　体重 ÷（身長÷100×身長÷100）　で計算しましょう。

18 以下	やせ	25 未満	標準	30 未満	肥満度 1
35 未満	肥満度 2	40 未満	肥満度 3	それら以外	肥満度 4

出力結果（1）：
身長：200
体重：150
BMI 値は、37.5 です。
肥満度３です。

出力結果（2）：
身長：160
体重：40
BMI 値は、15.625 です。
やせです。

ヒント：

```
System.out.print("身長：");
String str = br.readLine();
double height = Double.parseDouble(str);
```

課題 06_4：　ディズニーランドの 1 DAY パスポートの料金

種類	大人	中人	小人	シニア	乳児
年齢	18~64 歳	12~17 歳	4~11 歳	65 歳以上	3 歳以下
料金	7400	6400	4800	6700	0

年齢をキーボードで入力し、その年齢に対する種類（大人,中人,…）と料金を表示しましょう。

出力結果（1）：
年齢： 2
ﾃﾞｨｽﾞﾆｰﾗﾝﾄﾞの 1 DAY ﾊﾟｽﾎﾟｰﾄの料金
乳児: 0 円

出力結果（2）：
年齢： 15
ﾃﾞｨｽﾞﾆｰﾗﾝﾄﾞの 1 DAY ﾊﾟｽﾎﾟｰﾄの料金
中人: 6400 円

課題 06_5：　ディズニーランドの 1 DAY パスポートの料金の合計

種類	大人	中人	小人	シニア
通常料金（24 名以下）	7400	6400	4800	6700
割引料金（25 名以上）	6700	5800	4300	6700

大人、中人、小人、シニアの人数をキーボードで入力し、料金の合計を計算し表示しましょう。人数の合計が 25 名以上の場合は、割引料金を適用し、料金の合計の下に「団体割引されています。」
と表示しましょう。

出力結果（1）：
大人の人数： 5
中人の人数： 4
小人の人数： 3
シニアの人数： 2
ﾃﾞｨｽﾞﾆｰﾗﾝﾄﾞの料金の合計
90400 円

出力結果（2）：
大人の人数： 10
中人の人数： 20
小人の人数： 30
シニアの人数： 40
ﾃﾞｨｽﾞﾆｰﾗﾝﾄﾞの料金の合計
580000 円
団体割引されています。

第 7 回　条件文（2）　論理演算子

if 文における複数の式をつなぐ論理演算子について学びます。

練習プログラム

現在が 2017 年でない場合は、this_year の値を変更してください。

```
package 春学期;

import java.io.*;

public class 練習07_1 {
    public static void main(String [] args) throws IOException {
        BufferedReader br = new BufferedReader(new InputStreamReader(System.in));
        System.out.println("あなたの生まれた年を入力して下さい。");
        String str = br.readLine();
        int birth_year = Integer.parseInt(str);
        int this_year = 2017, age;
        String kind;
        age = this_year - birth_year;

        if(age >= 0 && age <= 5) {
            kind = "就学前";
        }
        else if(age >= 6 && age <= 12) {
            kind = "小学生";
        }
        else if(age >= 13) {
            kind = "中学生以上";
        }
        else {
            kind = "まだ生まれていない";
        }

        System.out.println("あなたの年齢は"+age+"歳です。");
        System.out.println("あなたは"+kind+"です。");
    }
}
```

出力結果（1）：

あなたの生まれた年を入力して下さい。
2007
あなたの年齢は 10 歳です。
あなたは小学生です。

出力結果（2）：

あなたの生まれた年を入力して下さい。
2022
あなたの年齢は-5 歳です。
あなたはまだ生まれていないです。

練習 06_1 のプログラムをコピーして改良してみましょう。

論理演算子

記号	意味	例	
&&	かつ（AND）	a==5 && b==7	a が 5 かつ b が 7
||	または（OR）	a==5 || a==7	a が 5 または a が 7
!	～ではない（NOT）	!(a>=5 && a<=7)	a が 5 以上 7 以下 ではない

練習プログラムの説明

age >= 0 && age <= 5
→ age が 0 以上 5 以下　という意味です。

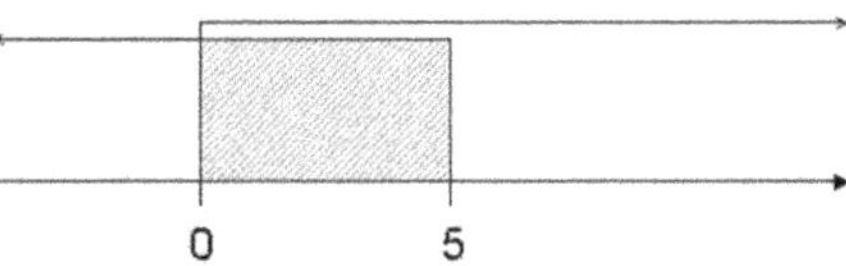

今日の課題

課題 07_1： 生まれた月と日を入力し、星座が表示されるようにしましょう。

3/21～4/19	おひつじ座	7/23～8/22	しし座	11/22～12/21	いて座
4/20～5/20	おうし座	8/23～9/22	おとめ座	12/22～1/19	やぎ座
5/21～6/21	ふたご座	9/23～10/23	てんびん座	1/20～2/18	みずがめ座
6/22～7/22	かに座	10/24～11/21	さそり座	2/19～3/20	うお座

生まれた月と日を int 型の month と day とし、星座を入れる変数を String 型の seiza としましょう。

出力結果：
生まれた月：5
生まれた日：28
あなたの星座は、ふたご座です。

ヒント：

```
if(month==3 && day>=21 || month==4 && day<=19) {
    seiza = "おひつじ座";
}
```

課題 07_2： 西暦の年を入力し、和暦の年を表示しましょう。

1868～1911 年	明治	1989～2017 年	平成
1912～1925 年	大正	それ以外	不明
1926～1988 年	昭和		

出力結果（1）：
西暦：1995
和暦は、平成 7 年です。

出力結果（2）：
西暦：1920
和暦は、大正 9 年です。

オプション課題

課題 07_3：月と日を入力し、その日が何の期間かを表示しましょう。

期間	名称	期間	名称
2/4〜4/9	春休み	9/21〜12/24 1/8〜2/3	秋学期
4/10〜7/31	春学期		
8/1〜9/20	夏休み	12/25〜1/7	冬休み

出力結果（１）：
月：6
日：1
6 月 1 日は、春学期です。

出力結果（２）：
月：8
日：20
8 月 20 日は、夏休みです。

上記の日付は過去の年のものです。今年は違う可能性があります。

課題 07_4：血液型の表示

AO や BA のように２文字をキーボードから入力し、その組み合わせに対応する血液型を表示しましょう。
1 つ目の文字を blood1、２つ目の文字を blood2 の char 型の変数に入れましょう。

血液型	組み合わせ	血液型	組み合わせ
A 型	AO　OA　AA	O 型	OO
B 型	BO　OB　BB	AB 型	AB　BA
不明	その他の組み合わせ		

出力結果（１）：
１つ目の遺伝子型（A or B or O）：O
２つ目の遺伝子型（A or B or O）：A
あなたの血液型は、A 型です。

出力結果（２）：
１つ目の遺伝子型（A or B or O）：B
２つ目の遺伝子型（A or B or O）：A
あなたの血液型は、AB 型です。

- ヒント（１）　キーボード入力

str.charAt(0)で、変数 str の 1 文字目の文字を取り出すことができます。

```
System.out.print("１つ目の遺伝子型（A or B or O）：");
String str = br.readLine();
char blood1 = str.charAt(0);
```

- ヒント（２）　２つの文字が「BA」の場合の if 文の式

```
blood1=='B' && blood2=='A'
```

第 8 回　条件文（3）　switch 文

switch 文について学びます。

練習プログラム

```
package 春学期;
import java.io.*;

public class 練習08_1 {
    public static void main(String [] args) throws IOException {
        BufferedReader br = new BufferedReader(new InputStreamReader(System.in));
        System.out.println("0～9 の数字を入力して下さい。");
        String str = br.readLine();
        int number = Integer.parseInt(str);
        String result;

        switch (number) {
            case 0:
            case 1:
                result = "素数ではない";
                break;
            case 2:
            case 3:
            case 5:
            case 7:
                result = "素数";
                break;
            case 4:
            case 8:
                result = "２の倍数";
                break;
            case 9:
                result = "３の倍数";
                break;
            case 6:
                result = "２と３の倍数";
                break;
            default:
                result = "範囲外の数字";
                break;
        }
        System.out.println(number+"は、"+result+"です。");
    }
}
```

出力結果（1）：

```
0～9 の数字を入力して下さい。
7
7 は、素数です。
```

出力結果（2）：

```
0～9 の数字を入力して下さい。
8
8 は、２の倍数です。
```

出力結果（3）：

```
0～9 の数字を入力して下さい。
12
12 は、範囲外の数字です。
```

switch 文の形式

switch(○○○)	○○○には「変数名」や「数式」を入れます。
case □□□:	上記の○○○の値が□□□だった場合に、 その case に書かれた処理を行ないます。 □□□は「数値」や「文字」にします。
default:	どの case 文にも引っかからなかった場合に、 default に書かれた処理を行ないます。

今日の課題

課題 08_1： 季節の表示

月を入力し、3〜5 なら「春」、6〜8 なら「夏」、9〜11 なら「秋」、12〜2 なら「冬」、それ以外の数字なら「範囲外」と表示しましょう。

出力結果（1）：
月を入力して下さい。
6
6 月は、夏です。

出力結果（2）：
月を入力して下さい。
12
12 月は、冬です。

出力結果（3）：
月を入力して下さい。
20
20 月は、範囲外です。

課題 08_2： 干支の表示

前回の課題 06_2 の if 文で記述されているところを、switch 文で記述しましょう。

干支： 生まれた年を 12 で割った時の余り で振り分け。						default	不明
余り 0	さる	余り 1	とり	余り 2	いぬ	余り 3	いのしし
余り 4	ねずみ	余り 5	うし	余り 6	とら	余り 7	うさぎ
余り 8	たつ	余り 9	へび	余り 10	うま	余り 11	ひつじ

出力結果（1）：
あなたの生まれた年を入力して下さい。
2000
あなたの干支は、たつです。

出力結果（2）：
あなたの生まれた年を入力して下さい。
1996
あなたの干支は、ねずみです。

オプション課題

課題 08_3： クラスの表示

学生番号により、3つのクラスに振り分けます。学生番号を 3 で割った時の余りが 0 なら「A 組」、余りが 1 なら「B 組」、余りが 2 なら「C 組」とします。
余りが 0~2 以外の場合（default の場合）は「不明」と表示しましょう。

出力結果（1）：	出力結果（2）：	出力結果（3）：
学生番号： 1234	学生番号： 5678	学生番号： -1111
あなたのクラスは B 組です。	あなたのクラスは C 組です。	あなたのクラスは 不明です。

課題 08_4： 円に関する値の表示

種類は「1」は円周の長さ、「2」は円の面積、「その他の数字」は球の体積とします。半径と種類の番号をキーボード入力し、半径の数字を使い、種類に対応した値を求めましょう。

```
出力結果（1）：
半径(cm)： 7.4
種類一覧　1:円周の長さ、2:円の面積、その他:球の体積
種類の番号： 1
半径 7.4cm の円周の長さは、46.472cm です。
```

```
出力結果（2）：
半径(cm)： 5.6
種類一覧　1:円周の長さ、2:円の面積、その他:球の体積
種類の番号： 2
半径 5.6cm の円の面積は、98.4704cm2 です。
```

```
出力結果（3）：
半径(cm)： 1.5
種類一覧　1:円周の長さ、2:円の面積、その他:球の体積
種類の番号： 7
半径 1.5cm の球の体積は、14.13cm3 です。
```

第 9 回　復習問題

これまでの課題が終わっていない人は、その課題を行ないましょう。
また、これまでの内容について、質問がありましたら、聞いて下さい。
これまでの課題に関し、特に問題がない人は、以下の復習問題をやってみましょう。

課題 09_1：　速さの表示

距離（m）と時間（秒）を入力し、速さ（時速）を求めましょう。
出力結果（2）の 7403 秒は、マラソン世界記録の 2 時間 03 分 23 秒を秒に直したものです。

出力結果（1）100m 世界記録
距離（m）：　100
時間（秒）：　9.58
時速　37.57828810020877 km です。

出力結果（2）マラソン世界記録
距離（m）：　42195
時間（秒）：　7403
時速　20.518978792381468 km です。

課題 09_2：　期間の表示

日数を入力し、それを年・ヵ月・日で表示しましょう。
ここでは、1 年を 365 日、1 ヵ月を 31 日とします。

出力結果（1）
日数：　1234
3 年　4 ヵ月　15 日

出力結果（2）
日数：　3000
8 年　2 ヵ月　18 日

出力結果（3）
日数：　25
0 年　0 ヵ月　25 日

課題 09_3：　テレビ局名の表示

チャンネル番号を入力し、その番号に対応するテレビ局の名前を表示しましょう。
switch 文を使いましょう。

番号	名 前	番号	名 前	番号	名 前	番号	名 前
1	NHK 総合	2	NHK 教育	4	日本テレビ	5	テレビ朝日
6	TBS	7	テレビ東京	8	フジテレビ	default	不明

出力結果（1）
チャンネル：　2
2 チャンネルは、NHK 教育です。

出力結果（2）
チャンネル：　7
7 チャンネルは、テレビ東京です。

課題 09_4： 距離の表示

距離（km）を入力し、その距離を「里」に変換しましょう。1 里を 3927m として計算しましょう。また、東京から出発すると考え、入力した距離の場所がどこになるかを表示しましょう。距離が東京と沖縄の間にある場合は「？？？の手前です。」と表示し、沖縄を越える距離の場合は「沖縄を過ぎました。」と表示しましょう。

東京	名古屋	大阪	広島	福岡	沖縄
0 km	263 km	401 km	679 km	886 km	1537 km

出力結果（1）
距離（km）： 300
300.0km は、76.39419404125286 里です。
大阪の手前です。

出力結果（2）
距離（km）： 2000
2000.0km は、509.29462694168575 里です。
沖縄を過ぎました。

課題 09_5： 広さの表示

広さ（m^2）を入力し、その広さを「坪」に変換しましょう。1 坪を 3.305785m^2 として計算しましょう。また、東京ドーム（46755m^2）何個分かを表示しましょう。

出力結果（1）明治大学和泉キャンパス
広さ（m2）： 80240
80240m2 は、24272 坪です。
東京ドーム 1 個分です。

出力結果（2）東京ディズニーランド
広さ（m2）： 510000
510000m2 は、154275 坪です。
東京ドーム 10 個分です。

課題 09_6：水道料金の表示

水道量（m^3）を入力し、水道料金を表示しましょう。

計算例：8m^3 の場合は、1170 ＋ 0×5 ＋ 22×3 ＝ 1236 円、
27m^3 の場合は、1170 ＋ 0×5 ＋ 22×5 ＋ 128×10 ＋ 163×7 ＝ 3701 円。
31m^3 を超える場合は、99999999 円を表示することとします。

水道料金表（水道の口径を 20mm とした場合）				
基本料金	従量料金（1m^3 ごとに追加される料金）			
1170 円	1~5m^3	6~10 m^3	11~20 m^3	21~30 m^3
	0 円	22 円	128 円	163 円

出力結果（1）
水道量（m3）： 8
水道料金は、1236 円です。

出力結果（2）
水道量（m3）： 27
水道料金は、3701 円です。

出力結果（3）
水道量（m3）： 50
水道料金は、99999999 円です。

第10回　繰り返し文（１）　for文

繰り返し文のfor文について学びます。

for文の形式

for(① 初期化 | ② 繰り返し条件 | ③ 増減処理)

- ① 初期化　　for文を開始するときに行なう処理。
- ② 繰り返し条件　　ここの条件を満たす限り、繰り返す。
- ③ 増減処理　　for文を繰り返すごとに行なう処理。

例

- for(i=1; i<=12; i++)　　i=1,2,3,・・・,11,12　と12回繰り返す。
- for(i=3; i<=6; i++)　　i=3,4,5,6　と4回繰り返す。
- for(j=20; j>=0; j=j-2)　　j=20,18,16,・・・,2,0　と11回繰り返す。
- for(;;)　　無限ループ

練習プログラム（１）

```
package 春学期;
import java.io.*;

public class 練習10_1 {
    public static void main(String [] args) throws IOException {
        BufferedReader br = new BufferedReader(new InputStreamReader(System.in));
        System.out.print("数字：");
        String str = br.readLine();
        int input_num = Integer.parseInt(str);
        int i, goukei=0;

        for(i=1; i<=input_num; i++) {
            System.out.print(i);
            System.out.print(" ");
            goukei = goukei + i;
        }
        System.out.print("¥n");
        System.out.println("1から"+input_num+"までの合計は、"+goukei+"です。");
    }
}
```

出力結果：

```
数字：12
1 2 3 4 5 6 7 8 9 10 11 12
1から12までの合計は、78です。
```

for 文を使った合計の求め方

以下の for 文は、1 から 5 までの合計を求めています。

```
int goukei = 0;
for(int i=1; i<=5; i++) {
    goukei = goukei + i;
}
```

i	goukei
for 文開始前	0
1	1 = 0 + 1
2	3 = 1 + 2
3	6 = 3 + 3
4	10 = 6 + 4
5	15 = 10 + 5
for 文終了時	15

練習プログラム（2）

```
package 春学期;

public class 練習10_2 {
    public static void main(String [] args) {
        System.out.println("九九の表");
        for(int i=1; i<=9; i++) {
            for(int j=1; j<=9; j++) {
                System.out.print(i*j);
                System.out.print("¥t");
            }
            System.out.print("¥n");
        }
    }
}
```

出力結果：

```
九九の表
1	2	3	4	5	6	7	8	9
2	4	6	8	10	12	14	16	18
3	6	9	12	15	18	21	24	27
4	8	12	16	20	24	28	32	36
5	10	15	20	25	30	35	40	45
6	12	18	24	30	36	42	48	54
7	14	21	28	35	42	49	56	63
8	16	24	32	40	48	56	64	72
9	18	27	36	45	54	63	72	81
```

for 文が２つの場合の仕組み

以下のプログラムでは、最初の for 文の繰り返し 1 回ごとに、次の for 文の繰り返しを行ないます。最初の for 文で i=1 の時、次の for 文で j=1,j=2 と 2 回繰り返し、i が 1 つ増え、i=2 になり、j=1,j=2 と 2 回繰り返し、さらに i が 1 つ増え、i=3 になり、j=1,j=2 と 2 回繰り返します。

```
for(int i=1; i<=3; i++) {
    for(int j=1; j<=2; j++) {
        System.out.println(i*j);
    }
}
```

i	j	表示(i*j)
1	1	1
1	2	2
2	1	2
2	2	4
3	1	3
3	2	6

今日の課題

課題 10_1：　２つの数字をキーボード入力し、その２つの数の間の合計を計算しましょう。

出力結果（1）：
1 つ目の数字：3
2 つ目の数字：6
3 から 6 までの合計は、18 です。

出力結果（2）：
1 つ目の数字：5
2 つ目の数字：10
5 から 10 までの合計は、45 です。

- 練習 10_1 のプログラムを改良しましょう。

課題 10_2：　for 文を２つ使い、1〜100 を以下のように表示しましょう。

出力結果：

```
1   2   3   4   5   6   7   8   9   10
11  12  13  14  15  16  17  18  19  20
21  22  23  24  25  26  27  28  29  30
31  32  33  34  35  36  37  38  39  40
41  42  43  44  45  46  47  48  49  50
51  52  53  54  55  56  57  58  59  60
61  62  63  64  65  66  67  68  69  70
71  72  73  74  75  76  77  78  79  80
81  82  83  84  85  86  87  88  89  90
91  92  93  94  95  96  97  98  99  100
```

- 練習 10_2 のプログラムを改良しましょう。
- ヒント：　10 * (i-1) + j

オプション課題

課題 10_3： 数字をキーボード入力し、その数字の行数分、○を表示しましょう。

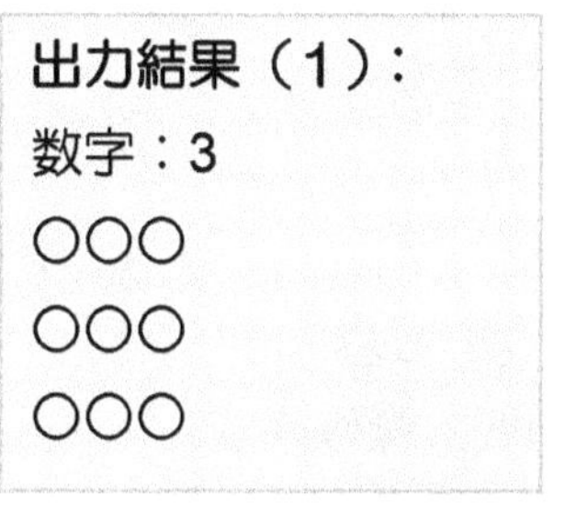
出力結果（1）：
数字：3
○○○
○○○
○○○

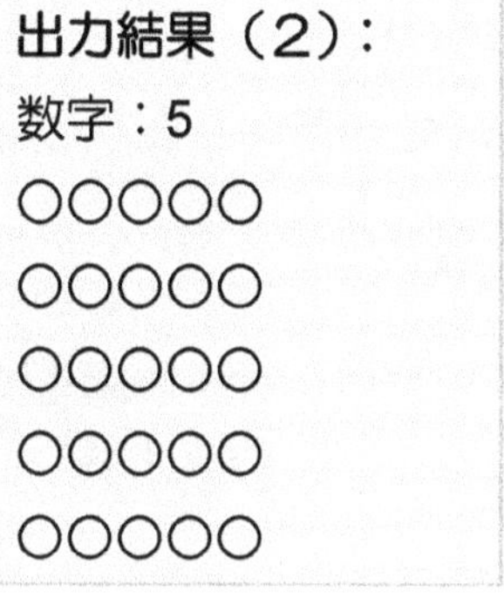
出力結果（2）：
数字：5
○○○○○
○○○○○
○○○○○
○○○○○
○○○○○

- for 文を 2 つ使います。

課題 10_4： 数字をキーボード入力し、以下のように○を表示しましょう。

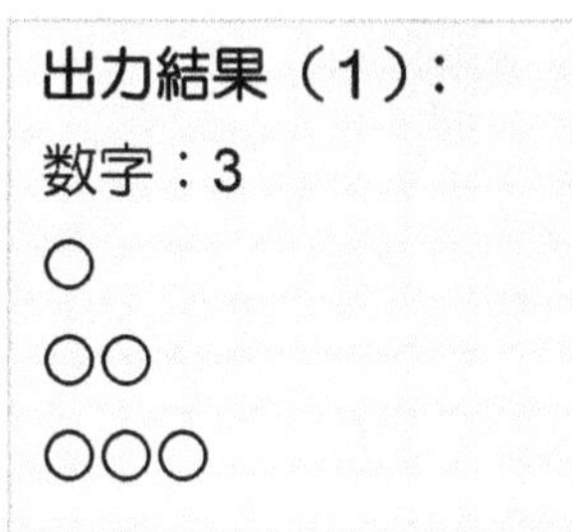
出力結果（1）：
数字：3
○
○○
○○○

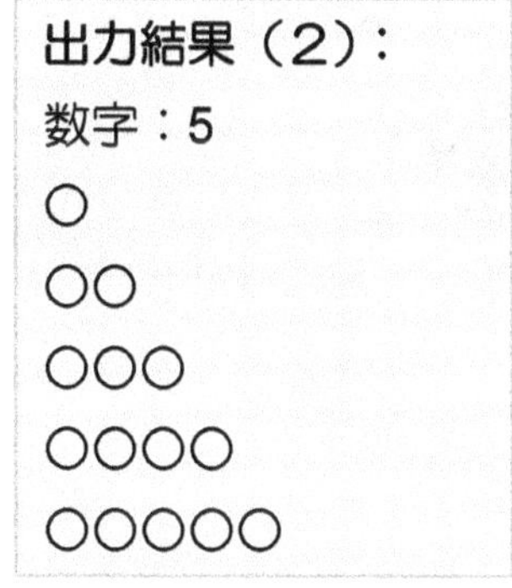
出力結果（2）：
数字：5
○
○○
○○○
○○○○
○○○○○

- 課題 10_3 のプログラムを改良しましょう。

第 11 回　繰り返し文（2）　while 文

繰り返し文の while 文について学びます。

while 文の形式

- while(繰り返し条件){　処理内容　}
  - 繰り返し条件：　ここの条件を満たしたら、カッコ内 {} の処理をします。
- 例
  - while(i<=10)　　　i が 10 以下の間、繰り返す。
  - while(check != 1)　　　check が 1 でない間、繰り返す。
  - while(1)　　　無限ループ

練習プログラム（1）

```
package 春学期;

import java.io.*;

public class 練習11_1 {
    public static void main(String [] args) throws IOException {
        BufferedReader br = new BufferedReader(new InputStreamReader(System.in));

        System.out.print("数字：");
        String str = br.readLine();
        int input_num = Integer.parseInt(str);

        int i=1, goukei=0;

        while(i<=input_num) {
            goukei = goukei + i;
            i++;
        }
        System.out.println("1 から"+input_num+"までの合計は、"+goukei+"です。");

    }
}
```

出力結果（1）：

数字：12

1 から 12 までの合計は、78 です。

出力結果（2）：

数字：55

1 から 55 までの合計は、1540 です。

練習プログラム（2）

キーボード入力で初期金額と年利を指定し、その年利で預けた時の 10 年後までの金額を求めるプログラムです。

```
package 春学期;

import java.io.*;

public class 練習11_2 {
    public static void main(String [] args) throws IOException {
        BufferedReader br = new BufferedReader(new InputStreamReader(System.in));

        System.out.print("初期金額：");
        String str = br.readLine();
        int money = Integer.parseInt(str);

        System.out.print("年利(%)：");
        str = br.readLine();
        double percent = Double.parseDouble(str);

        int i=1;

        while(i<=10) {
            money = (int)(money * (100+percent) / 100);
            System.out.println(i+"年目の金額は、"+money+"円です。");
            i++;
        }

    }
}
```

出力結果（1）：

初期金額：5000
年利(%)：2
1 年目の金額は、5100 円です。
2 年目の金額は、5202 円です。
3 年目の金額は、5306 円です。
4 年目の金額は、5412 円です。
5 年目の金額は、5520 円です。
6 年目の金額は、5630 円です。
7 年目の金額は、5742 円です。
8 年目の金額は、5856 円です。
9 年目の金額は、5973 円です。
10 年目の金額は、6092 円です。

出力結果（2）：

初期金額：1200000
年利(%)：0.15
1 年目の金額は、1201800 円です。
2 年目の金額は、1203602 円です。
3 年目の金額は、1205407 円です。
4 年目の金額は、1207215 円です。
5 年目の金額は、1209025 円です。
6 年目の金額は、1210838 円です。
7 年目の金額は、1212654 円です。
8 年目の金額は、1214472 円です。
9 年目の金額は、1216293 円です。
10 年目の金額は、1218117 円です。

今日の課題

課題 11_1：　2 の n 乗を求めましょう。

出力結果（1）：

n ： 5

2 の 5 乗は、32 です。

出力結果（2）：

n ： 7

2 の 7 乗は、128 です。

- 練習 11_1 を改良しましょう。
- while 文を n 回繰り返し、n 回　2 を掛けましょう。

課題 11_2：　積み立て

毎年の積立金額と年利と目標金額をキーボード入力し、目標金額に達する年までの金額を表示しましょう。　練習 11_2 を改良しましょう。

出力結果（1）：
積立金額：5000
年利(%)：2
目標金額：30000
0 年目の金額は、5000 円です。
1 年目の金額は、10100 円です。
2 年目の金額は、15302 円です。
3 年目の金額は、20608 円です。
4 年目の金額は、26020 円です。
5 年目の金額は、31540 円です。

出力結果（2）：
積立金額：15000
年利(%)：0.15
目標金額：300000
0 年目の金額は、15000 円です。
1 年目の金額は、30022 円です。
2 年目の金額は、45067 円です。
3 年目の金額は、60134 円です。
4 年目の金額は、75224 円です。
5 年目の金額は、90336 円です。
6 年目の金額は、105471 円です。
7 年目の金額は、120629 円です。
8 年目の金額は、135809 円です。
9 年目の金額は、151012 円です。
10 年目の金額は、166238 円です。
11 年目の金額は、181487 円です。
12 年目の金額は、196759 円です。
13 年目の金額は、212054 円です。
14 年目の金額は、227372 円です。
15 年目の金額は、242713 円です。
16 年目の金額は、258077 円です。
17 年目の金額は、273464 円です。
18 年目の金額は、288874 円です。
19 年目の金額は、304307 円です。

- 積立金額：　int 型の変数 first_money
- 年利：　double 型の変数　percent
- 目標金額：　int 型の変数 last_money
- 金額：　int 型の変数 money
- money = (money に年利分を足した金額)
  　+ first_money ;
- 繰り返し条件：　money < 目標金額

オプション課題

課題 11_3：　割り切れる数

数字をキーボード入力し、1 からその数字までの数で割った時、割り切れる数を表示しましょう。

出力結果（1）：	出力結果（2）：	出力結果（3）：
数字：12	数字：15	数字：5
1 で割り切れます。	1 で割り切れます。	1 で割り切れます。
2 で割り切れます。	3 で割り切れます。	5 で割り切れます。
3 で割り切れます。	5 で割り切れます。	
4 で割り切れます。	15 で割り切れます。	
6 で割り切れます。		
12 で割り切れます。		

- キーボード入力した数字を number とすると、
  「割り切れる」の式は、　number % i == 0　です。

課題 11_4：　素数の判別

数字をキーボード入力し、2 から（その数字-1）までの数で割った時、割り切れる数を表示し、素数かどうかを表示しましょう。課題 11_3 を改良しましょう。

出力結果（1）：	出力結果（2）：	出力結果（3）：
数字：12	数字：15	数字：5
2 で割り切れます。	3 で割り切れます。	5 は素数です。
3 で割り切れます。	5 で割り切れます。	
4 で割り切れます。	15 は素数ではないです。	
6 で割り切れます。		
12 は素数ではないです。		

- int 型の変数 check を用意し、while 文に入る前に、check=1 にしておきます。
- 割り切れた時、check を 0 にしましょう。
- while 文が終わった後、check が 1 だったならば、どの数にも割り切れなかったということになり、キーボード入力の数字は素数となります。

第 12 回　繰り返し文（３）　do-while 文

繰り返し文の do-while 文について学びます。

do-while 文の形式

do {

処理内容

} while(繰り返し条件);

- 最初は無条件にカッコ内 { } の処理をします。

練習プログラム

```
package 春学期;
import java.io.*;

public class 練習12_1 {
    public static void main(String [] args) throws IOException {
        BufferedReader br = new BufferedReader(new InputStreamReader(System.in));
        System.out.println("数当てゲーム");
        System.out.println("0～9 の値を入力して下さい");
        int correct_answer = (int)(Math.random()*10);
        int num;

        do {
            System.out.print("数字：");
            String str = br.readLine();
            num = Integer.parseInt(str);

            if(correct_answer!=num) {
                System.out.println("不正解¥n");
            }

        } while(correct_answer!=num);

        System.out.println("正解！！");
    }
}
```

出力結果：

```
数当てゲーム
0～9 の値を入力して下さい
数字：3
不正解

数字：5
不正解

数字：2
正解！！
```

注意：　正解の数字はランダムに決まるため、出力結果は同じにならないです。

乱数

- Math.random() は 0 以上 1 未満の小数の値をランダムに出します。
- (int)(Math.random()*10) は、0〜9 の数になります。

変数の説明

- correct_answer ： 正解の数字。ランダムに決められた 0〜9 の数字
- num ： do-while 内のキーボード入力で受け取る数字

今日の課題

課題 12_1： 数当てゲームの改良

練習 12_1 の数当てゲームを改良し、5回以内に正解できない場合は do-while 文を終了し、正解を表示しましょう。

出力結果（1）：

```
数当てゲーム
0〜9 の値を入力して下さい
数字：3
不正解。チャンスはあと 4 回です。
数字：5
不正解。チャンスはあと 3 回です。
数字：2
不正解。チャンスはあと 2 回です。
数字：1
不正解。チャンスはあと 1 回です。
数字：9
不正解。残念でした。正解は 4 でした。
```

出力結果（2）：

```
数当てゲーム
0〜9 の値を入力して下さい
数字：8
不正解。チャンスはあと 4 回です。
数字：2
不正解。チャンスはあと 3 回です。
数字：1
正解！！
```

- チャンスの回数の変数（chance_num）の値を 5 にしましょう。
- do-while 文の繰り返し条件は、「チャンスの回数が 0 より大きい」
- do-while 文を繰り返すごとに、チャンスの回数を 1 減らしましょう。
- もしキーボードで入力された数字（num）と正解（correct_answer）が同じなら「正解！！」と表示し、チャンスの回数を 0 にしましょう。これで do-while 文が終了します。

- 正解せず、チャンスの回数が0になったなら「不正解。残念でした。正解は○でした。」と表示し、チャンス回数が残っているなら、「不正解。チャンスはあと△回です。」と表示しましょう。○と△には数字が入ります。

課題 12_2：　クラス分け

1~999 の学籍番号を入力し、3 で割った余りが 0 なら「A 組」、余りが 1 なら「B 組」、余りが 2 なら「C 組」と表示しましょう。入力が 1～999 の間は繰り返し学籍番号を読み込み、1～999 以外の数字の場合は do-while 文を終了しましょう。

```
出力結果：
学籍番号：222
222 番は A 組です。
学籍番号：512
512 番は C 組です。
学籍番号：2500
2500 番は存在しないです。
終了！！
```

- do-while 文の繰り返し条件は、
  「入力された数字が 1 以上かつ 999 以下」。

- もし 0 以下または 1000 以上なら「存在しない」と表示し、
  それ以外で、3 で割った余りが 0 なら「A 組」、
  それ以外で、3 で割った余りが 1 なら「B 組」、
  それ以外なら「C 組」と表示しましょう。

オプション課題

課題 12_3： 星と丸の表示

数字をキーボード入力し、もし数字が奇数ならば星の記号（☆）をその数字の個数分 表示し、数字が偶数ならば丸の記号（○）をその数字の個数分 表示しましょう。0 が入力されたら、do-while 文を終了しましょう。

```
出力結果：
数字：7
☆☆☆☆☆☆☆

数字：2
○○

数字：10
○○○○○○○○○○

数字：0


終了
```

第13回　配 列

番号付きの変数を用意できる配列について学びます。

配列の形式

- 1次元配列　：　**変数の型 [] 変数名 = new 変数の型[個数];**
  - 例1：　int[] price = new int[5];
    int型のprice[0]～price[4]の5個の変数が使えます。
  - 例2：　String[] name = new String[7];
    String型のname[0]～name[6]の7個の変数が使えます。
- 2次元配列　：　**変数の型 [][] 変数名 = new 変数の型[個数][個数];**
  - 例：　int[][] point = new int[6][3];
    point[0][0]～point[5][2]の18個の変数が使えます。
- 仕様により変わりますが、Eclipseでは255次元まで使えるようです。

練習プログラム（1）

```
package 春学期;

public class 練習13_1 {
    public static void main(String [] args) {
        int[] num = new int[5];
        num[0] = 5;     num[1] = 12;     num[2] = 2;
        num[3] = 9;     num[4] = 7;

        for(int i=0; i<=4; i++) {
            System.out.println((i+1)+"番目の数字は、"+num[i]+"です。");
        }
    }
}
```

出力結果：
1番目の数字は、5です。
2番目の数字は、12です。
3番目の数字は、2です。
4番目の数字は、9です。
5番目の数字は、7です。

練習プログラム（2）

```
package 春学期;

public class 練習13_2 {
    public static void main(String [] args) {

        int[][] stone = new int[4][4];

        stone[1][2] = 1;
        stone[3][1] = 1;
        stone[3][3] = 1;

        for(int i=1; i<=3; i++) {
            for(int j=1; j<=3; j++) {

                if(stone[i][j]==1)
                    System.out.print("■");
                else
                    System.out.print("◇");
            }
            System.out.print("¥n");
        }

    }
}
```

出力結果：

```
◇■◇
◇◇◇
■◇■
```

練習プログラム（2）の説明

- 2 次元配列 stone に、盤面のマスの状態の数字を入れています。1 の時は「■」、1 以外の時は「◇」にしています。
- 2 次元配列の最初の数字は「縦の位置」を示し、次の数字は「横の位置」を示しています。例えば、stone[3][2]は、縦 3 行目の横 2 列目のマスの状態を示しています。
- 上記のプログラムでは、stone[1][2]、stone[3][1]、stone[3][3]に 1 を入れ、それ以外のところには数字を入れていません。値を指定していない場合は、「null」が入っています。null（ヌル、ナル）とは「何もない」という意味です。

今日の課題

課題 13_1：　果物の名前・値段を、配列に入力し、出力しましょう。

果実の名前は「String 型の配列 name」に入れ、果実の値段は「int 型の配列 price」に入れましょう。配列と for 文を使って、出力結果のように表示しましょう。

	name	price
0	りんご	100
1	みかん	35
2	メロン	1200
3	いちご	23
4	バナナ	72

出力結果：
りんごは 1 個 100 円です。
みかんは 1 個 35 円です。
メロンは 1 個 1200 円です。
いちごは 1 個 23 円です。
バナナは 1 個 72 円です。

課題 13_2：　盤面の表示

練習 13_2 を改良して、
右の出力結果のような「M」を
表示してみましょう。

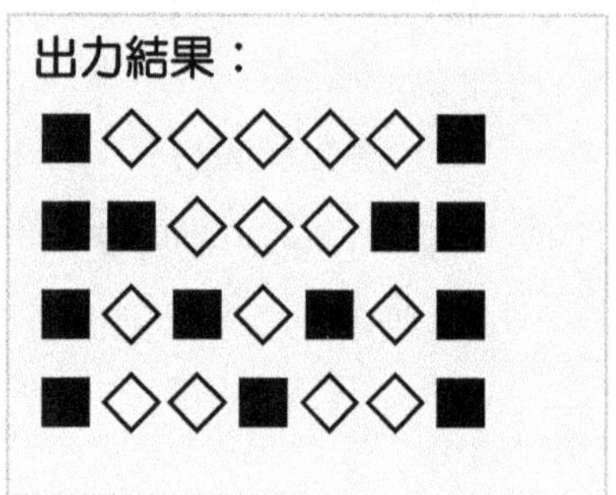

オプション課題

課題 13_3：　1 つ後ろの数字を足す

for 文を使い、キーボード入力で 5 つの数字を入力し、その数を「int 型の配列 num」に入れましょう。そして for 文を使い、num[i]と num[i+1]の数字を足し、それを出力結果のように表示しましょう。

出力結果（1）
1 番目：　5
2 番目：　7
3 番目：　2
4 番目：　3
5 番目：　12
12　9　5　15

出力結果（2）
1 番目：　1
2 番目：　2
3 番目：　3
4 番目：　4
5 番目：　5
3　5　7　9

課題 13_4： テレビ局の名前の表示

キーボード入力で数字を入力し、その数字に対応するテレビ局の名前を表示しましょう。do-while 文を使い、繰り返し数字を入力できるようにしましょう。キーボード入力の数字が 0 の時、do-while 文を終了しましょう。

番号	名 前
1	NHK 総合
2	NHK 教育
4	日本テレビ
5	テレビ朝日
6	TBS
7	テレビ東京
8	フジテレビ

出力結果：

```
チャンネル： 5
チャンネル 5 は、テレビ朝日です。

チャンネル： 7
チャンネル 7 は、テレビ東京です。

チャンネル： 3
チャンネル 3 は、null です。

チャンネル： 2
チャンネル 2 は、NHK 教育です。

チャンネル： 0
チャンネル 0 は、null です。

終了しました。
```

- String 型の配列 channel を用意し、その配列にテレビ局の名前を入れましょう。
  例：channel [7] = ” **テレビ東京**”；
- キーボード入力された数字を、配列の番号にすれば、テレビ局の名前を取り出せます。例：キーボード入力された数字が変数 num に入っているとし、channel[num]でその数字のテレビ局の名前が得られます。

第14回　テスト

最後の週にテストを行ないます。テストは選択問題と実技問題で構成しています。ここにそれぞれの問題のサンプルを載せます。テスト勉強の参考にしてください。

選択問題のサンプル

- 選択問題は Oh-o!Meiji のアンケート機能を使用して行ない、20 問程度を出題します。資料やホームページなど閲覧は不可です。テストのページだけ見て行ないます。以下は選択問題のサンプルです。

- 整数を扱う変数の型はどれですか？
  【選択肢】　(1)　double　　(2)　int　　(3)　char　　(4)　Boolean

- for 文で、１～１０までを足し算するプログラムになるように、①～④と(A)～(D)の正しい組み合わせを選びましょう。
  (A)　i++　　(B)　goukei = goukei + I　　(C)　int i=1　　(D)　i<=10

```
int goukei = 0;
for( ①; ②; ③ ) {
    ④;
}
```

【選択肢】
(1)　①A　②B　③C　④D　　(2)　①B　②D　③C　④A
(3)　①C　②A　③B　④D　　(4)　①C　②D　③A　④B
(5)　①D　②C　③A　④B

- 変数 age に年齢の数字が入るとします。以下の if 文は、age が 20 以上なら「大人です。」と表示し、それ以外なら「未成年です。」と表示するプログラムです。[記号]のところに入る正しい記号を選択しましょう。

```
if( age [記号] 20 )
    System.out.println("大人です。");
else
    System.out.println("未成年です。");
```

【選択肢】(1) =　(2) >　(3) !=　(4) >=　(5) <　(6) >　(7) ==　(8) <=

【正解】１問目 (2)　2問目 (4)　3問目 (4)

実技問題のサンプル

- 選択問題を提出し終えてから、実技問題を行ないます。
  実技問題は、教科書やプリント、過去のプログラムを見て OK です。
  以下は実技問題のサンプルです。

- キーボード入力で日数を入力し、
  ① その日数を「週間と日」に変換し、表示しましょう。
  ② 現在を日曜日とし、「入力された日数後の曜日」を表示しましょう。
  ③ 入力された日数の個数だけ○を表示しましょう。
  ○が 7 つで改行を入れましょう。

出力結果（1）

日数：10

「1 週間と 3 日」です。
10 日後は「水曜日」です。

○○○○○○○
○○○

出力結果（2）

日数：20

「2 週間と 6 日」です。
20 日後は「土曜日」です。

○○○○○○○
○○○○○○○
○○○○○○

出力結果（3）

日数：30

「4 週間と 2 日」です。
30 日後は「火曜日」です。

○○○○○○○
○○○○○○○
○○○○○○○
○○○○○○○
○○

第2章　プログラミング実習 II
（秋学期）

第1回　イントロダクション・復習演習

次回からの授業のための準備と復習演習を行ないます。

プログラミング実習 II（秋学期）の授業内容

- 文字列の操作
- 数学関数
- 計算の演習
- 並び替え
- クラス（メソッド、フィールド、コンストラクタ、継承、オーバーライド、インターフェース）
- Java アプレット（ブロック崩しゲームの作成）

成績について

平常点	30%	授業への参加度や貢献度、授業中の態度など。
課題レポート	30%	
テスト	40%	

秋学期の授業の準備

「プログラミング実習」のプロジェクトの中に「秋学期」のパッケージを作りましょう。

- 「Eclipse」を起動し、「ファイル」→「インポート」→「一般」→「既存プロジェクトをワークスペースへ」を選び、「次へ」をクリック。
- 「ルート・ディレクトリーの選択」の「参照」ボタンをクリックし、「MyDocs」→「プログラミング実習」を選び、「OK」→「完了」をクリック。
- 「プログラミング実習」の上で、右ボタン→「新規」→「パッケージ」をし、名前を「秋学期」にし、「完了」。

今日の課題

課題 01_1：　$1^2+2^2+3^2+4^2+5^2+\cdots+i^2$ の計算をしましょう。

キーボード入力でボーダーの値を入力し、
そのボーダーの値を初めて超えるときの
i の値を求めましょう。

```
出力結果（1）
ボーダー：350
i が 1 の時の値は 1 です。
i が 2 の時の値は 5 です。
i が 3 の時の値は 14 です。
i が 4 の時の値は 30 です。
i が 5 の時の値は 55 です。
i が 6 の時の値は 91 です。
i が 7 の時の値は 140 です。
i が 8 の時の値は 204 です。
i が 9 の時の値は 285 です。
i が 10 の時の値は 385 です。
350 を超えたのは、i が 10 の時です。
```

```
出力結果（2）
ボーダー：1000
i が 1 の時の値は 1 です。
i が 2 の時の値は 5 です。
i が 3 の時の値は 14 です。
i が 4 の時の値は 30 です。
i が 5 の時の値は 55 です。
i が 6 の時の値は 91 です。
i が 7 の時の値は 140 です。
i が 8 の時の値は 204 です。
i が 9 の時の値は 285 です。
i が 10 の時の値は 385 です。
i が 11 の時の値は 506 です。
i が 12 の時の値は 650 です。
i が 13 の時の値は 819 です。
i が 14 の時の値は 1015 です。
1000 を超えたのは、i が 14 の時です。
```

課題 01_2：　数字を入力し、以下のような図形を表示しましょう。

```
出力結果（1）
個数：3
◇■◇
■◇■
◇■◇
```

```
出力結果（2）
個数：7
◇■◇■◇■◇
■◇■◇■◇■
◇■◇■◇■◇
■◇■◇■◇■
◇■◇■◇■◇
■◇■◇■◇■
◇■◇■◇■◇
```

ヒント：
キーボード入力、for 文、if 文を使います。

出力結果（2）の計算について

i + j		j						
		1	2	3	4	5	6	7
i	1	◇ 2	■ 3	◇ 4	■ 5	◇ 6	■ 7	◇ 8
	2	■ 3	◇ 4	■ 5	◇ 6	■ 7	◇ 8	■ 9
	3	◇ 4	■ 5	◇ 6	■ 7	◇ 8	■ 9	◇ 10
	4	■ 5	◇ 6	■ 7	◇ 8	■ 9	◇ 10	■ 11
	5	◇ 6	■ 7	◇ 8	■ 9	◇ 10	■ 11	◇ 12
	6	■ 7	◇ 8	■ 9	◇ 10	■ 11	◇ 12	■ 13
	7	◇ 8	■ 9	◇ 10	■ 11	◇ 12	■ 13	◇ 14

第 2 回　文字列の操作

文字列の操作の仕方を学びます。

文字列に関連するメソッド

項 目	形 式	説 明
比 較	str1.equals(str2)	文字列の比較では「==」は使えません。str1 と str2 を String 型の変数とすると、左のように表現できます。
結 合	str3=str1+str2	
長 さ	str1.length()	str1 の文字数を返します。
置き換え	str1.replace(文字列 1, 文字列 2)	str1 の中の「文字列 1」を「文字列 2」に置き換えます。
分 割	str1.split(文字列, 数字)	str1 の「文字列」の所で分割をします。「数字」は分割の回数です。0 にすると、分割できるだけ分割します。
前後のスペースの削除	str1.trim()	
文字 1 文字の取得	str1.charAt(数字)	str1 の「数字」番目の文字を返します。先頭の文字は 0 番目となります。
文字列の一部分の取得	str1.substring(数字 1, 数字 2)	str1 の「数字 1」+1 番目から「数字 2」番目の文字を取り出せます。 例：2 番目から 5 番目を取り出す場合 str1.substring(1,5)
文字の出現場所（先頭から）	str1.indexOf(文字)	str1 の中で「文字」が出現する番目を返します。
文字の出現場所（後ろから）	str1.lastIndexOf(文字)	str1 の中で「文字」が出現する番目を返します。
小文字への変換	str1.toLowerCase()	str1 の中のアルファベットの大文字を小文字に変換します。
大文字への変換	str1.toUpperCase()	str1 の中のアルファベットの小文字を大文字に変換します。

（注）str1,str2,str3 は、String 型の変数の名前です。

文字の位置

String str = ″今授業を受けています。だから、電話に出られない。″;

番目	1	2	3	4	5	6	7	8	9	10	
文字	今	授	業	を	受	け	て	い	ま	す	
位置	0	1	2	3	4	5	6	7	8	9	10

練習プログラム

```
package 秋学期;

public class 練習02_1 {
    public static void main(String [] args) {

        String str = "今授業を受けています。だから、電話に出られない。";
        System.out.println(str);
        System.out.println("文字列の長さ： " + str.length());

        System.out.println("8番目の文字： " + str.charAt(7));
        System.out.println("3~6番目の文字： " + str.substring(2,6));
        System.out.println("「す」： " + (str.indexOf("す")+1) + "番目");

        System.out.println("大阪弁に変換：");
        str = str.replace("ます","ますねん");
        str = str.replace("ない","へん");
        str = str.replace("だから","せやから");

        System.out.println(str);
    }
}
```

出力結果：

```
今授業を受けています。だから、電話に出られない。
文字列の長さ： 24
8番目の文字： い
3~6番目の文字： 業を受け
「す」： 10番目
大阪弁に変換：
今授業を受けていますねん。せやから、電話に出られへん。
```

- 8 番目の文字：　str.charAt(7)　→　い
- 3~6 番目の文字：　str.substring(2,6)　→　業を受け
- 「す」の番目：　str.indexOf("す") + 1　→　9 + 1　→　10

文字列の長さ と 配列の大きさ（ length() と length ）

- 文字列の長さ　　形式：　String 型の変数名.length()
  - String str = "今授業を受けています。だから、電話に出られない。";
  - 上記の文字列の場合、str.length() で文字列の長さを取得できます。（24 文字）
- 配列の大きさ　　形式：　配列の変数名.length
  - 例えば、配列 num に、num[0]=3　num[1]=5　num[2]=1 が入っているとすると、num.length で配列の大きさを取得できます。（num.length は 3）

今日の課題

課題 02_1

文字列をキーボード入力し、その文字列の中の「は」を「ぼ」に、「し」を「う」に、「え」を「か」に、「び」を「に」に変換し、「く」は消しましょう。「みっえはしずく」と「おびくびえなくはし」の文字列をキーボード入力し、変換するとことわざが出てきます。ちゃんとことわざになっていれば正解です。

出力結果（1）：	出力結果（2）：
文字列：みっえはしずく みっえはしずく 変換後： [　　]	文字列：おびくびえなくはし おびくびえなくはし 変換後： [　　]

課題 02_2

8 桁の学生番号を入力します。最初の 3 桁は学部を表現します。001 は法学部、002 は商学部、003 は情報コミュニケーション学部とします。次の 2 桁は入学年を表現します。14 なら 2014 年となります。最後の 3 桁は出席番号を表現します。キーボード入力で 8 桁の数字を入力し、以下のように出力されるようにプログラムを作成しましょう。

出力結果（1）：	出力結果（2）：
学生番号：00312531 所属学部：　情報コミュニケーション学部 入学年：　2012 年 出席番号：　531 番	学生番号：00114005 所属学部：　法学部 入学年：　2014 年 出席番号：　005 番

- ヒント 1：　substring を使って、8 桁の数を分割します。
  学部の番号：　1~3 番目の文字列　String 型の変数 dep に入れる。
  入学年　　：　4~5 番目の文字列　String 型の変数 year に入れる。
  出席番号　：　6~8 番目の文字列　String 型の変数 number に入れる。

- ヒント 2：　所属学部の表示
  所属学部を表示する時、if 文を使います。
  文字列の比較は == は使えません。equals を使いましょう。
  dep と文字列「001」が同じなら　→　if(dep.equals("001"))

オプション課題

課題 02_3

トランプのカードの番号を入力し、それを3人のAさん・Bさん・Cさんに順番に配ります。それぞれの人が受け取るカードの番号を表示しましょう。

```
出力結果（1）：
カード：A23456789JQK
Aのカード：　A47J
Bのカード：　258Q
Cのカード：　369K
```

```
出力結果（2）：
カード：749KA2J
Aのカード：　7KJ
Bのカード：　4A
Cのカード：　92
```

- ヒント：以下のように何も入っていない String 型の変数 A,B,C を用意します。

```
String A="",B="",C="";
```

for 文を使って、入力されたカード番号の文字数分繰り返します。
charAt を使って、入力されたカード番号の1文字を取り出します。
例えば、if(i%3==0)のような if 文を使って、変数 A,B,C に文字を結合します。

課題 02_4

「123　34　5678」のような半角空白で区切られた複数の数字をキーボード入力し、複数の数字を空白で分割し、それぞれの数字を表示しましょう。

```
出力結果（1）：
複数の数字：123 34 5678
123
34
5678
```

```
出力結果（2）：
複数の数字：123 5 54 9999
123
5
54
9999
```

- ヒント1：　半角空白での分割。split を使います。

キーボード入力した文字列を str とすると、

```
String[] number = str.split(" ", 0);
```

で分割した数字が配列 number に入ります。例えば、出力結果（1）では、number[0]に 123、number[1]に 34、number[2]に 5678 が入ります。

- ヒント2：　配列のサイズ

配列 number のサイズは、number.length で取得できます。
例えば、出力結果（1）では、number.length は3になります。

第 3 回　数学関数

数学関数について学びます。以下は数学関数の一覧です。

項 目	形 式	説明や例
絶対値	Math.abs(数字)	Math.abs(-5)=5
最大値	Math.max(数字, 数字)	Math.max(3.5, 12.2)=12.2
最小値	Math.min(数字, 数字)	Math.min(3.5, 12.2)=3.5
切り上げ	Math.ceil(小数)	Math.ceil(3.2)=4, Math.ceil(-3.2)=-3
切り捨て	Math.floor(小数)	Math.floor(3.2)=3, Math.floor(-3.2)=-4
四捨五入	Math.round(小数)	Math.round(3.2)=3, Math.round(-3.2)=-3
最も近い整数値	Math.rint(小数)	Math.rint(3.2)=3, Math.rint(-3.2)=-3
乱数	Math.random()	0 以上 1 未満の小数
角度変換	Math.toDegrees(ラジアン)	ラジアン → 度 の変換
角度変換	Math.toRadians(角度)	度 → ラジアン の変換
三角関数	Math.sin(ラジアン) Math.cos(ラジアン) Math.tan(ラジアン)	その他、asin、acos、atan もあり。
自然対数	Math.log(数字)	数字=x とすると、$\log_e x$
べき乗	Math.pow(基数, 指数)	基数=x、指数=y とすると、x^y
平方根	Math.sqrt(数字)	ルート
e のべき乗	Math.exp(数字)	数字=x とすると、e^x
自然対数 e	Math.E	e= 2.718…
円周率 π	Math.PI	π=3.1415…

練習プログラム

```
package 秋学期;
import java.io.*;

public class 練習03_1 {
    public static void main(String [] args) throws IOException {
        BufferedReader br = new BufferedReader(new InputStreamReader(System.in));
        System.out.print("１つ目の数字：");
        String str = br.readLine();
        int input1 = Integer.parseInt(str);
        System.out.print("２つ目の数字：");
        str = br.readLine();
        int input2 = Integer.parseInt(str);

        System.out.print("¥n");
        System.out.println("絶対値： "+Math.abs(input1)+", "+Math.abs(input2));
        System.out.println("割り算： "+(double)input1/input2);
        System.out.println("割り算(切り上げ): "+Math.ceil((double)input1/input2));
        System.out.println("３乗： "+Math.pow(input1,3)+", "+Math.pow(input2,3));
        System.out.println("ルート： "+Math.sqrt(input1)+", "+Math.sqrt(input2));
        System.out.println("円周率π： "+Math.PI);
    }
}
```

出力結果（1）

１つ目の数字：3
２つ目の数字：5

絶対値： 3, 5
割り算： 0.6
割り算（切り上げ）： 1.0
３乗： 27.0, 125.0
ルート： 1.7320508075688772, 2.23606797749979
円周率π： 3.141592653589793

出力結果（2）

１つ目の数字：33
２つ目の数字：-5

絶対値： 33, 5
割り算： -6.6
割り算（切り上げ）： -6.0
３乗： 35937.0, -125.0
ルート： 5.744562646538029, NaN
円周率π： 3.141592653589793

今日の課題

課題 03_1

半径の値をキーボード入力し、円周、円の面積、球の体積を求めるプログラムを作りましょう。

- ヒント：Math.PI を使います。

出力結果（1）
半径(cm)：3.5
円周： 21.991148575128552cm
円の面積： 38.48451000647496cm2
球の体積： 179.5943800302165cm3

出力結果（2）
半径(cm)：5.7
円周： 35.814156250923645cm
円の面積： 102.07034531513239cm2
球の体積： 775.7346243950061cm3

課題 03_2

直角三角形の直角をなす２辺の値をキーボード入力し、斜辺・面積・周りの長さを求めましょう。

- ヒント：Math.pow 、Math.sqrt を使います。

出力結果（1）
１辺目(cm)：3
２辺目(cm)：4
斜辺： 5.0cm
面積： 6.0cm2
周りの長さ： 12.0cm

出力結果（2）
１辺目(cm)：11
２辺目(cm)：15
斜辺： 18.601075237738275cm
面積： 82.5cm2
周りの長さ： 44.60107523773827cm

オプション課題

課題 03_3 のための練習プログラム

以下は、乱数５つを表示し、その５つの数の最小値と最大値を求めるプログラムです。出力結果の乱数の数は同じにはならないです。

```
package 秋学期;

public class 練習 03_3 {
    public static void main(String [] args) {
        System.out.println("乱数５つ：");
        double[] number = new double[6];
        double min_num=1, max_num=0;

        for(int i=1; i<=5; i++) {
            number[i] = Math.random();
            System.out.println(number[i]);
            min_num = Math.min(min_num,number[i]);
            max_num = Math.max(max_num,number[i]);
        }
        System.out.print("¥n");
        System.out.println("最小値："+min_num);
        System.out.println("最大値："+max_num);
    }
}
```

```
出力結果：
乱数５つ：
0.5916700035060771
0.36979648734839865
0.30886804599881623
0.14171944057785135
0.021663801640600333

最小値：0.021663801640600333
最大値：0.5916700035060771
```

課題 03_3

乱数で 0 から 100 の間の整数を 100 個表示し、その 100 個の数の最小値、最大値、平均値を求めましょう。

ヒント：Math.rint、Math.random、Math.min、Math.max を使います。
Math.random に 100 を掛けて、Math.rint で小数を整数にし、0～100 の数を作成します。

```
出力結果：
乱数１００個（0～100）
78  65  77  32  28  85  82  91  69  94
79  27  86  66  55  100 72  63  81  34
1   37  28  51  43  89  56  32  67  63
91  32  25  54  84  1   85  51  83  3
82  7   72  97  13  65  59  3   66  95
82  7   69  43  54  89  7   87  84  16
21  18  93  88  59  57  89  27  71  92
90  85  38  31  42  33  22  3   61  96
32  11  77  24  68  1   23  84  66  39
52  85  73  19  63  10  56  65  30  15
最小値：1
最大値：100
平均値：54.46
```

第 4 回　計算の演習

前回の数学関数などを使った計算の演習問題です。

今日の課題

課題 04_1：　約数の合計

数字をキーボード入力し、その数字の約数の合計を求めましょう。

- 例：8 の約数は、1, 2, 4, 8 です。
  8 の約数の合計は 1+2+4+8 = 15 となります。

出力結果（1）	出力結果（2）	出力結果（3）
数字：8	数字：12	数字：32
8 の約数の合計は、15 です。	12 の約数の合計は、28 です。	32 の約数の合計は、63 です。

課題 04_2：　計算の繰り返し

スタートの値と回数をキーボード入力し、関数 y = sin(x) × 3　の x にスタートの値を入れます。関数を計算し、y を求め、それが 1 回目の値になります。
求めた y を再度関数の x に入れ、計算し y を求め、それが 2 回目の値になります。
これをキーボードで入力した回数繰り返します。各回目の値を表示しましょう。

出力結果（1）
```
スタート：2
回数：5
1 回目：2.727892280477045
2 回目：1.2060008413363206
3 回目：2.8025902288500397
4 回目：0.9976393728902812
5 回目：2.5205795674469247
```

出力結果（2）
```
スタート：1.23
回数：10
1 回目：2.8274664057950925
2 回目：0.9269567779105647
3 回目：2.399390670397711
4 回目：2.0277371128467636
5 回目：2.6922193040036766
6 回目：1.3032035495859748
7 回目：2.893230556045861
8 回目：0.7374499322118307
9 回目：2.017207729172927
10 回目：2.7060066518888863
```

オプション課題

課題 04_3：　最大公約数

２つの数字をキーボード入力し、その２つの最大公約数を求めましょう。

出力結果（1）
数字１：8
数字２：12
8 と 12 の最大公約数は、4 です。

出力結果（2）
数字１：288
数字２：792
288 と 792 の最大公約数は、72 です。

- ヒント： for 文で 1 から 2 つの数字の小さい方まで繰り返す。Math.min を使う。2 つの数字それぞれを for 文の変数の値で割った時の余りがどちらも 0 であったなら、その変数の値は公約数。

課題 04_4：　最小公倍数

２つの数字をキーボード入力し、その２つの最小公倍数を求めましょう。

出力結果（1）
数字１：8
数字２：12
8 と 12 の最小公倍数は、24 です。

出力結果（2）
数字１：288
数字２：792
288 と 792 の最小公倍数は、3168 です。

数字１（増やしていく）	8	16	24
数字２（固定）	12	12	12
数字１÷数字２の余り	8	4	0

課題 04_5：　2 万回目～2 万 100 回目の間の最大値と最小値

課題 04_2 の問題の関数を使います。この関数を繰り返し、
2 万回目から 2 万 100 回目までの値の最大値と最小値を求めましょう。

出力結果（1）
スタート：2
2 万回目から 2 万 100 回目までの
最大値は、2.999984518743804 です。
最小値は、0.4234060031112829 です。

出力結果（2）
スタート：1.57
2 万回目から 2 万 100 回目までの
最大値は、2.9986104621443115 です。
最小値は、0.42748651028920515 です。

- ヒント： for 文で 1 から 1 万 9999 まで、関数の計算を繰り返します。
- 次の for 文で関数の計算を 101 回繰り返し、Math.max と Math.min を使って、最大値と最小値を求めましょう。

第 5 回　文字列操作の演習

文字列操作に関連する演習問題を行ないます。

練習プログラム（1）　使われていない数字を表示するプログラム

```
package 秋学期;
import java.io.*;

public class 練習05_1 {
    public static void main(String [] args) throws IOException {
        BufferedReader br = new BufferedReader(new InputStreamReader(System.in));
        System.out.print("数字：");
        String str = br.readLine();

        String numbers = "0123456789";

        for(int i=0; i<str.length(); i++) {
            numbers = numbers.replace(String.valueOf(str.charAt(i)), "");
        }

        System.out.println("使われていない数字は、"+numbers+"です。");
    }
}
```

出力結果（1）

数字：1688555

使われていない数字は、023479 です。

出力結果（2）

数字：0449347171

使われていない数字は、2568 です。

- String 型の変数 numbers に 0~9 の数字を入れておきます。
- for 文でキーボード入力した文字列（変数 str）から 1 文字ずつ取り出します。
  - 変数 str の i 番目の文字の取り出し：　str.charAt(i)
- 文字の置き換え（replace）を使って、numbers の中で、str の i 番目の文字があれば、何もなし（""）に置き換え、取り除きましょう。
  - numbers = numbers.replace(String.valueOf(str.charAt(i)), "");
  - String.valueOf()　は、カッコ内の値を String 型に変換します。
- この練習プログラム（1）は、課題 05_1 を行なうための参考にして下さい。

練習プログラム（2）　10進数を、2進数、8進数、16進数に変換するプログラム

```
package 秋学期;
import java.io.*;

public class 練習05_2 {
    public static void main(String [] args) throws IOException {
        BufferedReader br = new BufferedReader(new InputStreamReader(System.in));
        System.out.print("数字：");
        String str = br.readLine();
        int num10 = Integer.parseInt(str);

        String num2 = Integer.toBinaryString(num10);
        String num8 = Integer.toOctalString(num10);
        String num16 = Integer.toHexString(num10);

        System.out.println(num10+"の2進数は、"+num2+"です。");
        System.out.println(num10+"の8進数は、"+num8+"です。");
        System.out.println(num10+"の16進数は、"+num16+"です。");
    }
}
```

出力結果（1）
数字：1278
1278の2進数は、10011111110です。
1278の8進数は、2376です。
1278の16進数は、4feです。

出力結果（2）
数字：7802
7802の2進数は、1111001111010です。
7802の8進数は、17172です。
7802の16進数は、1e7aです。

- 10進数から2進数への変換は、Integer.toBinaryString で行ない、
- 10進数から8進数への変換は、Integer.toOctalString で行ない、
- 10進数から16進数への変換は、Integer.toHexString で行ないます。
- これらの関数は、int型で入力され、String型で出力されます。

- この練習プログラム（2）は、課題05_2を行なうための参考にして下さい。

今日の課題

課題 05_1：　ピカチュウ語

ピカチュウは「ピ」「カ」「チュ」「ウ」の４音だけ話すことができます。
キーボードで文字列を入力し、その文字列をピカチュウが話すことができる場合は「ピカチュウ語です。」、話すことができない場合は「ピカチュウは話せません。」を表示しましょう。

出力結果（1）	出力結果（2）	出力結果（3）
文字列：ピカチュウ ピカチュウ語です。	文字列：ゴロピカ ピカチュウは話せません。	文字列：ピカピカ ピカチュウ語です。

- ヒント：　入力された文字列から、ピ・カ・チュ・ウを取り除き、残った文字列の文字数が 0 ならば、ピカチュウ語です。
- 文字数：　変数 str の文字数は、str.length() で求まります。

課題 05_2：　Hexspeak 語の判定

Hexspeak 語とは、16 進数で使われる 0123456789ABCDEF の文字の中の 0（ゼロ）を O（オー）に、1（イチ）を I（アイ）に、5（ゴ）を S（エス）に置き換え、16 進数のアルファベットだけ（OISABCDEF）で表現できる単語のことを言います。入力した数字を 16 進数に変換し、上記の変換を行ない、変換後の文字列が Hexspeak 語かどうかを判定しましょう。

出力結果（1）	出力結果（2）
数字：23226 変換後：SABA SABA は、Hexspeak 語です。	数字：15127 変換後：3BI7 3BI7 は、Hexspeak 語ではないです。

出力結果（3）	出力結果（4）
数字：181018289 変換後：ACAIEBI ACAIEBI は、Hexspeak 語です。	数字：125269879 変換後：7777777 7777777 は、Hexspeak 語ではないです。

- ヒント：数字を 16 進数に変換し、0 を O、1 を I、5 を S に変換しましょう。
- 変換した 16 進数のアルファベットは小文字なので、大文字に変換しましょう。
- 文字の変換： replace、 小文字→大文字： toUpperCase
  （第 2 回 文字列の操作のページを参照して下さい。）
- 変換後の文字列から 0~9 の数字を取り除き、0~9 を取り除く前の文字数と 0~9 を取り除いた後の文字数が同じならば、Hexspeak 語です。

オプション課題

課題 05_3：　等差数列の正の数を繋げる。

２つの数字を入力し、開始の数字から減算の数字を引いて、等差数列を作ります。その等差数列の正の数の部分を繋げたものを表示しましょう。

- 例：　開始 11、減算 3 の場合は、11　8　5　2　-1　-4　・・・という等差数列になります。正の数の部分を繋げると、11852 となります。

出力結果（1）	出力結果（2）	出力結果（3）
開始：11	開始：35	開始：111
減算：3	減算：7	減算：13
11852	352821147	11198857259463320 7

- ヒント：　等差数列を入れるための String 型の変数を用意し、
  その変数に数字を繋げていきましょう。

第6回　並び替えの演習

for 文を使った並び替えについて学びます。

練習プログラム（1）　3つの数字を小さい順に並び替え。

```
package 秋学期;
import java.io.*;

public class 練習06_1 {
    public static void main(String [] args) throws IOException {
        BufferedReader br = new BufferedReader(new InputStreamReader(System.in));

        int[] num = new int[3];
        int tmp;

        for(int i=0; i<3; i++) {
            System.out.print((i+1)+"番目の数字：");
            String str = br.readLine();
            num[i] = Integer.parseInt(str);
        }

        for(int i=0; i<2; i++) {
            for(int j=i+1; j<3; j++) {
                if(num[i] > num[j]) {
                    tmp = num[i];
                    num[i] = num[j];
                    num[j] = tmp;
                }
            }
        }

        for(int i=0; i<3; i++) {
            System.out.print(num[i]);
            System.out.print(" ");
        }
    }
}
```

キーボード入力で、
数字を取り込み、
num[0], num[1], num[2]
に数字を入れています。

num[i]が num[j]より大きいならば、
2つの値を入れ替えます。

出力結果（1）
1番目の数字：5
2番目の数字：3
3番目の数字：8
3 5 8

出力結果（2）
1番目の数字：7
2番目の数字：2
3番目の数字：6
2 6 7

2つの変数の値の入れ替え（num[i] と num[j] の場合）

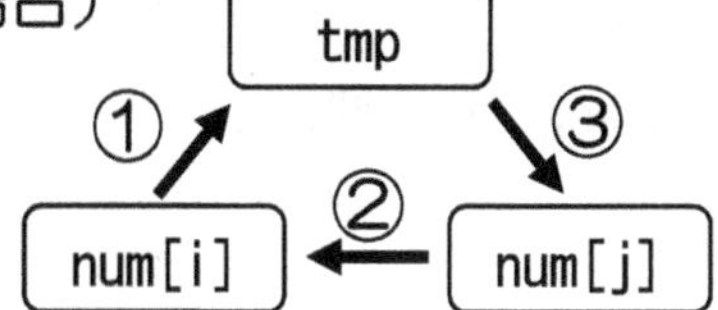

- 入れ替える場合、２つの変数とは別の変数が必要です。ここでは tmp という変数を用意します。
- ３つの手順で２つの変数の値を入れ替えます。

①	`tmp = num[i];`	num[i]の値を tmp に入れます。
②	`num[i] = num[j];`	num[j]の値を num[i]に入れます。
③	`num[j] = tmp;`	tmp の値を num[j]に入れます。

練習 06_1 の２つの for 文について

```
for(int i=0; i<2; i++) {
  for(int j=i+1; j<3; j++) {
```

順番	i	j
1	0	1
2	0	2
3	1	2

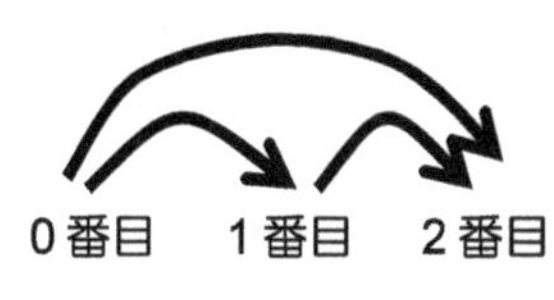

- 配列の０番目と１番目、０番目と２番目、１番目と２番目と、前から順に大きさの順番が合っているかを見ていきます。

- 練習 06_1 の出力結果（2）の 「７２６」→「２６７」の小さい順の並び替え。

順番	i	j	change	num[0]	num[1]	num[2]
最初				7	2	6
1	0	1	○	2	7	6
2	0	2	×	2	7	6
3	1	2	○	2	6	7

- 課題 06_1 の出力結果（1）の「72853」→「87532」の大きい順の並び替え。

順番	i	j	change	num[0]	num[1]	num[2]	num[3]	num[4]
最初				7	2	8	5	3
1	0	1	×	7	2	8	5	3
2	0	2	○	8	2	7	5	3
3	0	3	×	8	2	7	5	3
4	0	4	×	8	2	7	5	3
5	1	2	○	8	7	2	5	3
6	1	3	×	8	7	2	5	3
7	1	4	×	8	7	2	5	3
8	2	3	○	8	7	5	2	3
9	2	4	×	8	7	5	2	3
10	3	4	○	8	7	5	3	2

練習プログラム（2）　文字列を char 型の配列に入れ、文字を表示。

```
package 秋学期;
import java.io.*;

public class 練習06_2 {
    public static void main(String [] args) throws IOException {
        BufferedReader br = new BufferedReader(new InputStreamReader(System.in));
        System.out.print("文字列：");
        String str = br.readLine();

        char[] moji = new char[str.length()];

        for(int i=0; i<moji.length; i++) {
            moji[i] = str.charAt(i);
        }

        for(int i=0; i<moji.length; i++) {
            System.out.print(moji[i]);
            System.out.print(" ");
        }

    }
}
```

出力結果（1）

```
文字列：tokyo
t o k y o
```

出力結果（2）

```
文字列：university
u n i v e r s i t y
```

今日の課題

課題 06_1：　5つの数字を大きい順に並び替え

5 つの数字をキーボード入力し、
大きい順に並び替えましょう。
練習 06_1 を参考にしましょう。

出力結果（1）

```
1 番目の数字：7
2 番目の数字：2
3 番目の数字：8
4 番目の数字：5
5 番目の数字：3
8 7 5 3 2
```

出力結果（2）

```
1 番目の数字：2
2 番目の数字：5
3 番目の数字：7
4 番目の数字：3
5 番目の数字：6
7 6 5 3 2
```

課題 06_2：　文字の並び替え

文字列をキーボード入力し、
アルファベット順に並び替えましょう。
練習 06_2 を参考にしましょう。
文字の比較では、数値の比較で使う <　>　== などを使用することができます。
文字の大小関係は、a<b や m<z のように、アルファベット順になっています。

出力結果（1）

```
文字列：tokyo
k o o t y
```

出力結果（2）

```
文字列：university
e i i n r s t u v y
```

オプション課題

課題 06_3：　数字の最小値・最大値・中央値

スペースで区切られた複数の数字をキーボード入力し、その数字の中の最小値、最大値、中央値を求めましょう。

出力結果（1）	出力結果（2）
数字：2 7 3 8 5	数字：8 5 7 2 1 9 3 8
2 3 5 7 8	1 2 3 5 7 8 8 9
最小値：2	最小値：1
最大値：8	最大値：9
中央値：5	中央値：7

数字を小さい順に並び替え、
最小値は配列の 0 番目、最大値は配列の（個数-1）番目、中央値は配列の（個数÷2）番目の値を表示しましょう。

- `String[] number = str.split(" ",0);`
  上記で、文字列 str の中のスペースで分割し、String 型の配列 number に分割した文字列が入ります。

- `int[] num = new int[number.length];`
  `num[i] = Integer.parseInt(number[i]);`
  配列 number は String 型なので、int 型に変換する必要があります。int 型の配列 num を宣言し、String 型の number[i]の文字を数字に変換し、int 型の num[i]に入れましょう。上記のプログラムのみでは動作しません。何か付け加える必要があります。

課題 06_4：　三角形の判別

3 つの辺の値を入力し、その 3 辺で三角形が作れるか判定しましょう。
もし三角形が作れないならば「三角形になりません。」と表示し、三角形が作れるならば、その三角形の種類（正三角形、二等辺三角形、直角三角形、三角形）を表示しましょう。

- 三角形になるための条件：　1 番短い辺 ＋ 2 番目に短い辺　＞　1 番長い辺

出力結果（1）	出力結果（2）	出力結果（3）
1 番目の辺：1	1 番目の辺：2	1 番目の辺：2
2 番目の辺：2	2 番目の辺：3	2 番目の辺：2
3 番目の辺：3	3 番目の辺：4	3 番目の辺：3
1 2 3	2 3 4	2 2 3
三角形になりません。	三角形です。	二等辺三角形です。

出力結果（4）	出力結果（5）
1 番目の辺：3	1 番目の辺：3
2 番目の辺：3	2 番目の辺：4
3 番目の辺：3	3 番目の辺：5
3 3 3	3 4 5
正三角形です。	直角三角形です。

第 7 回　クラス（1）

クラスのメソッドとフィールドについて学びます。

```
class クラス名 {
    フィールドの定義
    メソッドの定義
}
```

クラスの中のメソッドとフィールド

- メソッド：　計算処理する「機能」
- フィールド：　メソッドの処理で使われる「データ」

練習プログラム（1）

```
package 秋学期;
import java.io.*;

public class 練習07_1 {
    public static void main(String [] args) throws IOException {
        BufferedReader br = new BufferedReader(new InputStreamReader(System.in));
        System.out.print("半径：");
        String str = br.readLine();
        double input = Double.parseDouble(str);

        Cal keisan = new Cal();
        keisan.hankei = input;

        System.out.println("円周は、"+keisan.circle_length()+"cm です。");
        System.out.println("円の面積は、"+keisan.circle_size()+"cm2 です。");
    }
}

class Cal {
    double hankei;

    double circle_length() {
        double result = 2*hankei*Math.PI;
        return result;
    }
    double circle_size() {
        return hankei*hankei*Math.PI;
    }
}
```

出力結果（1）

半径：2.5
円周は、15.707963267948966cm です。
円の面積は、19.634954084936208cm2 です。

出力結果（2）

半径：12.3
円周は、77.28317927830892cm です。
円の面積は、475.2915525615999cm2 です。

- クラスの定義：　class　クラス名　（例：class Cal）
- クラスの宣言：　クラス名　変数名　= new　クラス名();（例：Cal keisan = new Cal();）
- メソッドの定義：　出力の型　ﾒｿｯﾄﾞ名(入力の変数)　（例：double circle_length()）
  例のﾒｿｯﾄﾞは、入力は無しで、出力は double 型という意味。return で値を返します。
- メソッドへのアクセス：　クラス名.メソッド名（例：keisan.circle_length()）

- フィールドの定義：　クラス内で行なう。（例：double hankei;）
- フィールドの値の指定：　変数名.フィールド名　=　値;（例：keisan.hankei = input;）
  例は、クラス Cal 内のフィールド hankei に input の値が入ります。

練習プログラム（2）

```
package 秋学期;
import java.io.*;

public class 練習07_2 {
    public static void main(String [] args) throws IOException {
        BufferedReader br = new BufferedReader(new InputStreamReader(System.in));
        System.out.print("１つ目の数字：");
        String str = br.readLine();
        int input1 = Integer.parseInt(str);
        System.out.print("２つ目の数字：");
        str = br.readLine();
        int input2 = Integer.parseInt(str);

        Cal2 keisan = new Cal2();
        keisan.sum(input1);
        keisan.sum(input2);
        keisan.P(input1,input2);
    }
}

class Cal2 {
    void sum(int number) {
        int result = 0;
        for(int i=1; i<=number; i++) {
            result = result + i;
        }
        System.out.println("1から"+number+"までの合計は、"+result+"です。");
    }

    void P(int number1, int number2) {
        int result = 1;
        for(int i=number1; i>number1-number2; i--) {
            result = result * i;
        }
        System.out.println(number1+"P"+number2+"は、"+result+"です。");
    }
}
```

出力結果（1）

```
１つ目の数字：5
２つ目の数字：2
1から5までの合計は、15です。
1から2までの合計は、3です。
5P2は、20です。
```

出力結果（2）

```
１つ目の数字：8
２つ目の数字：5
1から8までの合計は、36です。
1から5までの合計は、15です。
8P5は、6720です。
```

- このプログラムはフィールド無し。メソッドへの値の入力はメソッドの括弧内で指定しています。（例１：void sum(int number)）（例２：void P(int number1, int number2)）
  例２は入力変数が２つです。void は出力がないことを意味しています。

- 5P2 は 5×4、8P5 は 8×7×6×5×4 の計算をしています。

今日の課題

課題 07_1

練習プログラム（練習 07_1）を改良し、球の体積を求めるメソッドを定義し、球の体積を表示しましょう。

- ファイル名を変更しましょう。（練習 07_1.java　→　課題 07_1.java）
- Eclipse の左上の「練習 07_1.java」の上で「右ボタン」→「リファクタリング」→「名前変更」で「課題 07_1.java」にしましょう。
- 球の体積を求めるメソッドは「double ball_size()」にしましょう。

出力結果（1）
半径：2.5
円周は、15.707963267948966cm です。
円の面積は、19.634954084936208cm2 です。
球の体積は、65.44984694978736cm3 です。

出力結果（2）
半径：12.3
円周は、77.28317927830892cm です。
円の面積は、475.2915525615999cm2 です。
球の体積は、7794.781462010239cm3 です。

課題 07_2

西暦の年をキーボード入力し、うるう年かどうか判定するメソッド（uruu）と、干支を求めるメソッド（eto）を作成し、結果を表示しましょう。

```
package 秋学期;
import java.io.*;

public class 課題07_2 {
    public static void main(String [] args) throws IOException {
        BufferedReader br = new BufferedReader(new InputStreamReader(System.in));
        System.out.print("年：");
        String str = br.readLine();
        int input = Integer.parseInt(str);

        Info check = new Info();
        check.number = input;

        check.uruu();
        check.eto();
    }
}

class Info {
    int number;

    void uruu() {
        [ うるう年の判定 ]
    }

    void eto() {
        [ 干支の表示 ]
    }
}
```

出力結果（1）
年：2000
うるう年です。
干支は、たつです。

出力結果（2）
年：2013
うるう年ではないです。
干支は、へびです。

- うるう年：　400で割り切れる→○、　それ以外で100で割り切れる→×、
それ以外で4で割り切れる→○、　それ以外→×
- 干支：　12で割った時の余り0は「さる」、余り1は「とり」、
順に「いぬ」「いのしし」「ねずみ」「うし」「とら」「うさぎ」
「たつ」「へび」「うま」「ひつじ」。

オプション課題

課題07_3

練習プログラム（練習07_2）を改良し、階乗（factorial）と組み合わせの総数（C）を求めるメソッドを定義し、それらを表示しましょう。

- ファイル名を変更しましょう。（練習07_2.java　→　課題07_3.java）
- Eclipseの左上の「練習07_2.java」の上で「右ボタン」→「リファクタリング」→「名前変更」で「課題07_3.java」にしましょう。

- 階乗を求めるメソッド：　`void factorial(int number)`
- 組み合わせの総数を求めるメソッド：　`void C(int number1, int number2)`

出力結果（1）	出力結果（2）
1つ目の数字：5	1つ目の数字：8
2つ目の数字：2	2つ目の数字：5
1から5までの合計は、15です。	1から8までの合計は、36です。
1から2までの合計は、3です。	1から5までの合計は、15です。
5！は、120です。	8！は、40320です。
2！は、2です。	5！は、120です。
5P2は、20です。	8P5は、6720です。
5C2は、10です。	8C5は、56です。

- 階乗の計算の例：　5! = 5×4×3×2×1　　2! = 2×1
- 組み合わせの計算の例：　5C2 = （5×4）／（1×2）
8C5 = （8×7×6×5×4）／（1×2×3×4×5）

第 8 回　クラス（2）

クラスのコンストラクタと継承について学びます。

コンストラクタとは？

- クラスからオブジェクトを作成した際に、自動的に実行されるメソッドのこと。
- クラス名と同じ名前のメソッド名になります。
- 例：練習プログラムにおけるコンストラクタ
  - class Student extends Human 内の Student()
  - class Human 内の Human()
  - オブジェクトの作成（Student tanaka = new Student();）の時に実行されます。

継承とは？

- 他のクラスを取り込むこと。
- 「class サブクラス名 extends スーパークラス名」と書きます。
  - 取り込まれる方：　スーパークラス
  - 取り込む方：　サブクラス
- 例：class Student extends Human
  - サブクラスの Student が、スーパークラスの Human を取り込みます。
  - extends Human で Human クラスを継承しているので、Student クラスでは、Human クラスのメソッドやフィールドを使うことができます。
  - Student tanaka = new Student();　で、Student クラスの tanaka を宣言し、この Student クラスの tanaka で、Human クラスの print_humaninfo()メソッドを使うことができます。tanaka.print_humaninfo();

練習プログラムの説明

- Human クラス
  - 性別（gender）、身長（height）、体重（weight）といった人の情報を扱います。
  - print_humaninfo()メソッドは、性別・身長・体重を表示します。
- Student クラス
  - 学部（gakubu）、学年（grade）、学生番号（id）といった学生情報を扱います。
  - print_studentinfo()メソッドは、性別・身長・体重・学部・学年・学生番号を表示します。
- コンストラクタ Human()と Student()
  - フィールドの変数の初期値を入力しています。

練習プログラム

出力結果：
性別：不明　身長：-999cm　体重：-999kg

性別：男　身長：190cm　体重：80kg
情報コミュニケーション学部　1 年
学生番号：1234567

```
package 秋学期;

public class 練習 08_1 {
	public static void main(String [] args) {
		Student tanaka = new Student();
		tanaka.print_humaninfo();
		System.out.println();
		tanaka.gakubu = "情報コミュニケーション";  tanaka.grade = 1;  tanaka.id = 1234567;
		tanaka.gender = "男";  tanaka.height = 190;  tanaka.weight = 80;
		tanaka.print_studentinfo();
	}
}

class Human {
	String gender;  int height, weight;

	Human() {
		gender = "不明";  height = -999;  weight = -999;
	}
	void print_humaninfo() {
		System.out.println("性別：" +gender+"　身長：" +height+"cm　体重：" +weight+"kg");
	}
}

class Student extends Human {
	String gakubu;  int grade;  int id;

	Student() {
		gakubu = "不明";  grade = -999;  id = -999;
	}
	void print_studentinfo() {
		System.out.println("性別：" +gender+"　身長：" +height+"cm　体重：" +weight+"kg");
		System.out.println(gakubu+"学部　"+grade+"年　");
		System.out.println("学生番号：" +id);
	}
}
```

今日の課題

課題 08_1:　学年と組の表示

練習 08_1 のプログラムを改良し、学年・組を表示しましょう。

- 他のファイルに同じクラス名があると、エラーが出ます。
  ファイル名を変更しましょう。（練習 08_1.java　→　課題 08_1.java）
- Eclipse の左上の「練習 08_1.java」の上で「右ボタン」→「リファクタリング」→「名前変更」で「課題 08_1.java」にしましょう。
- Student クラスの中に、void print_classinfo()のメソッドを作ります。
  id を 3 で割った時の余りが 0 なら「A 組」、余りが 1 なら「B 組」、
  それ以外なら「C 組」としましょう。

- tanaka.print_studentinfo();の下に、tanaka.print_classinfo();を追加し、学年・組を表示しましょう。

```
出力結果：
性別：不明　身長：-999cm　体重：-999kg

性別：男　身長：190cm　体重：80kg
情報コミュニケーション学部　1年
学生番号：1234567
1年 B組
```

課題 08_2：　文系・理系科目の点数の計算

- 以下のプログラムの理系科目のクラス Rikei（数学・理科）を参考に、共通科目のクラス Common（英語）、文系科目のクラス Bunkei（国語・社会）を作成しましょう。
- Common クラス：フィールドに int 型の english を定義。コンストラクタを作り、english を-999 とします。
- Bunkei クラス：フィールドに int 型の japanese と social を定義。コンストラクタを作り、japanese と social をそれぞれ-999 とします。int 型の sum メソッドを作り、3科目（英語・国語・社会）の合計点を返します。

```
package 秋学期;

public class 課題08_2 {
    public static void main(String [] args) {
        Bunkei tanaka = new Bunkei();
        tanaka.english = 85;  tanaka.japanese=55;  tanaka.social=72;
        System.out.println("文系科目３教科の合計は、"+tanaka.sum()+"点です。");
        Rikei suzuki = new Rikei();
        suzuki.english = 68;  suzuki.mathe=88;  suzuki.science=97;
        System.out.println("理系科目３教科の合計は、"+suzuki.sum()+"点です。");
    }
}

class Common {
    [   フィールドとコンストラクタを作成しましょう。   ]
}

class Bunkei extends Common {
    [   フィールドとコンストラクタと sum メソッドを作成しましょう。   ]
}

class Rikei extends Common {
    int mathe, science;

    Rikei() {
        mathe = -999;  science = -999;
    }
    int sum() {
        return english+mathe+science;
    }
}
```

オプション課題

課題 08_3：　5 教科の点数の計算

5 教科の点数を入力し、5 教科の平均点、最高点と最低点の差を求めるプログラムを作成しましょう。

- Subject クラスのフィールド：　String 型の配列 name を大きさ 6 で作成しましょう。教科の名前が入る配列です。
- Subject クラスのコンストラクタ：　配列 name の 1～5 に教科の名前を入れます。 name[1]に"国語"　name[2]に"数学"　name[3]に"英語"　name[4]に"理科"　name[5]に"社会" を入れましょう。
- Test クラスのフィールド：　int 型の配列 point を大きさ 6 で作成しましょう。教科の点数が入る配列です。
- Test クラスの ave メソッド：　5 教科の平均点。
- Test クラスの diff メソッド：　5 教科の点数の中の最高点と最低点の差。

```
package 秋学期;
import java.io.*;

public class 課題08_3 {
    public static void main(String [] args) throws IOException {
        Test tanaka = new Test();
        BufferedReader br = new BufferedReader(new InputStreamReader(System.in));

        for(int i=1; i<=5; i++) {
            System.out.print(tanaka.name[i]+"：");
            String str = br.readLine();
            tanaka.point[i] = Integer.parseInt(str);
        }
        System.out.println("5教科の平均点は、"+tanaka.ave()+"点です。");
        System.out.println("最高点と最低点の差は、"+tanaka.diff()+"点です。");
    }
}

class Subject {
    フィールドとコンストラクタを作成しましょう。
}

class Test extends Subject {
    フィールドと ave メソッドと diff メソッドを作成しましょう。
}
```

出力結果（1）：
国語：65
数学：98
英語：77
理科：45
社会：52
5 教科の平均点は、67.4 点です。
最高点と最低点の差は、53 点です。

出力結果（2）：
国語：98
数学：55
英語：100
理科：25
社会：88
5 教科の平均点は、73.2 点です。
最高点と最低点の差は、75 点です。

第 9 回　クラス（3）

クラスのオーバーライドとインターフェースについて学びます。

オーバーライドとは？

- スーパークラスとサブクラスで同じ名前のメソッドを使うと、スーパークラスのメソッドをサブクラスのメソッドに置き換えることができます。

- 例：練習プログラム
  - All2 クラスは Bunkei2 クラスを継承しています。
    サブクラス All2、スーパークラス Bunkei2。
  - All2 クラスには sum メソッド、print_ave メソッドがあり、
    また、Bunkei2 クラスにも、同じ名前のメソッドが存在します。
  - All2 クラスで sum メソッドを使う時、Bunkei2 クラスの sum メソッドではなく、All2 クラスの sum メソッドを使います。
  - 継承におけるクラスにおいて、同じ名前のメソッドがあった場合、取り込む側のクラスのメソッドを使います。（今回の場合は All2 クラスのメソッド。）

インターフェースとは？

- クラスの形を定義したもの。

  定義：interface 名前　　取り込み：implements 名前

- インターフェースを定義し、それを取り込んだクラスは、
  インターフェースに書かれたメソッドを必ず用意しないといけません。

- 例：練習プログラム
  - Point_Cal2 インターフェース
    sum と print_ave の２つのメソッドを持つクラスの型
  - Bunkei2 と All2 の２つのクラスは、
    Point_Cal2 インターフェースを取り込んでいます。
    よって、sum と print_ave の２つのメソッドを用意しないといけません。

練習プログラム

```
package 秋学期;
public class 練習09_1 {
    public static void main(String [] args) {
        Bunkei2 tanaka = new Bunkei2();
        tanaka.point[1]=57;  tanaka.point[3]=85;  tanaka.point[5]=71;
        System.out.println("田中さん：");
        System.out.println("文系科目３教科の合計は、"+tanaka.sum()+"点です。");
        tanaka.print_ave();

        System.out.println();

        All2 suzuki = new All2();
        suzuki.point[1]=95;  suzuki.point[2]=88;  suzuki.point[3]=68;
        suzuki.point[4]=97;  suzuki.point[5]=33;
        System.out.println("鈴木さん：");
        System.out.println("全科目５教科の合計は、"+suzuki.sum()+"点です。");
        suzuki.print_ave();
    }
}

interface Point_Cal2 {
    int sum();
    void print_ave();
}

class Subject2 {
    String[] name = {"","国語","数学","英語","理科","社会"};
    int[] point = {0,-999,-999,-999,-999,-999};
}

class Bunkei2 extends Subject2 implements Point_Cal2 {
    public int sum() {
        return point[1]+point[3]+point[5];
    }
    public void print_ave() {
        System.out.println("文系科目３教科の平均点は、"+((double)sum()/3)+"点です。");

    }
}

class All2 extends Bunkei2 implements Point_Cal2 {
    public int sum() {
        int goukei=0;
        for(int i=1; i<=5; i++)
            goukei = goukei + point[i];
        return goukei;
    }
    public void print_ave() {
        System.out.println("全科目５教科の平均点は、"+((double)sum()/5)+"点です。");

    }
}
```

出力結果：

```
田中さん：
文系科目３教科の合計は、213点です。
文系科目３教科の平均点は、71.0点です。

鈴木さん：
全科目５教科の合計は、381点です。
全科目５教科の平均点は、76.2点です。
```

今日の課題

課題 09_1:　各科目の点数の表示

- 練習 09_1 のプログラムを改良しましょう。
- 他のファイルに同じクラス名があると、エラーが出ます。
  ファイル名を変更しましょう。（練習 09_1.java　→　課題 09_1.java）
- Eclipse の左上の「練習 09_1.java」の上で「右ボタン」→「リファクタリング」→「名前変更」で「課題 09_1.java」にしましょう。
- Point_Cal2 インターフェースの中に、void print_point();のメソッドを作ります。
- Bunkei2 と All2 クラスの中に、print_point()メソッドを作り、各科目の点数を表示しましょう。
- tanaka.print_ave();の下に tanaka.print_point();を
  suzuki.print_ave();の下に suzuki.print_ point ();を追加しましょう。

```
出力結果：
田中さん：
文系科目３教科の合計は、213 点です。
文系科目３教科の平均点は、71.0 点です。
国語:57 点  英語:85 点  社会:71 点

鈴木さん：
全科目５教科の合計は、381 点です。
全科目５教科の平均点は、76.2 点です。
国語:95 点  数学:88 点  英語:68 点  理科:97 点  社会:33 点
```

課題 09_2：　正方形や円の面積、立方体や球の体積を求めましょう。

- 長さを入力し、正方形・立方体は１辺の長さ、円・球は半径の長さとして、計算をします。
- Square クラスは、正方形・立方体に対するクラスです。
  Circle クラスは、円・球に対するクラスです。
- area メソッドは面積、volume メソッドは体積を求めるメソッドです。
  area と volume メソッドを作成しましょう。

```
出力結果（1）：
長さ： 5
正方形の面積は、25.0cm2 です。
立方体の体積は、125.0cm3 です。
円の面積は、78.53981633974483cm2 です。
球の体積は、523.5987755982989cm3 です。
```

```
出力結果（2）：
長さ： 7.2
正方形の面積は、51.84cm2 です。
立方体の体積は、373.24800000000005cm3 です。
円の面積は、162.8601631620949cm2 です。
球の体積は、1563.4575663561109cm3 です。
```

```
package 秋学期;
import java.io.*;

public class 課題09_2 {
    public static void main(String [] args) throws IOException {
        BufferedReader br = new BufferedReader(new InputStreamReader(System.in));
        System.out.print("長さ： ");
        String str = br.readLine();
        double input = Double.parseDouble(str);
        Square fig1 = new Square();
        fig1.length = input;
        System.out.println("正方形の面積は、"+fig1.area()+"cm2 です。");
        System.out.println("立方体の体積は、"+fig1.volume()+"cm3 です。");
        Circle fig2 = new Circle();
        fig2.length = input;
        System.out.println("円の面積は、"+fig2.area()+"cm2 です。");
        System.out.println("球の体積は、"+fig2.volume()+"cm3 です。");
    }
}
interface Shape {
    double area();
    double volume();
}
class Square implements Shape {
    double length;
    正方形の面積と立方体の体積を求める area と volume メソッドを作りましょう。
}
class Circle implements Shape {
    double length;
    円の面積と球の体積を求める area と volume メソッドを作りましょう。
}
```

オプション課題

課題 09_3:　一番点数の良い科目名の表示

- 課題 09_1 のプログラムを改良しましょう。ファイル名を変更しましょう。（課題 09_1.java　→　課題 09_3.java）Eclipse の左上の「課題 09_1.java」の上で「右ボタン」→「リファクタリング」→「名前変更」で「課題 09_3.java」にしましょう。
- 一番点数の良い科目名を表示する void print_good() メソッドを作りましょう。
- この課題 09_3 を行なった場合は、課題 09_1 の提出は不要です。

出力結果：
田中さん：
文系科目３教科の合計は、213 点です。
文系科目３教科の平均点は、71.0 点です。
国語:57 点　英語:85 点　社会:71 点
一番点数が良いのは、英語です。

鈴木さん：
全科目５教科の合計は、381 点です。
全科目５教科の平均点は、76.2 点です。
国語:95 点　数学:88 点　英語:68 点　理科:97 点　社会:33 点
一番点数が良いのは、理科です。

第 10 回　復習問題

これまでの課題が終わっていない人は、その課題を行ないましょう。
また、これまでの内容について、質問がありましたら、聞いて下さい。
これまでの課題に関し、特に問題がない人は、以下の復習問題をやってみましょう。

今回の課題は必須では無く、行なわなくても OK ですが、作成したメソッドの個数に応じて、点数がプラスされます。今回の課題は 8 つのメソッドがあります。

課題 10_1：　数字の変換

数字をキーボード入力し、その数字を変換する Calculate クラスとメソッドを作りましょう。

【1】Odd_Or_Even メソッド：　奇数、偶数の判定をしましょう。
【2】keisan.Binary メソッド：　2 進数に変換しましょう。
【3】Number_Of_1_Binary メソッド：2 進数の 1 の個数を求めましょう。
【4】Add_All_Number メソッド：　すべての位の数を足しましょう。
【5】Add_Odd_Number メソッド：　奇数だけを足しましょう。
【6】Change_Left_Right メソッド：　左右を入れ替えましょう。
【7】Ascending_Order メソッド：　小さい順に並び替えましょう。
【8】Number_To_Kanji メソッド：　漢字に変換しましょう。

出力結果（1）
数字：12345
【1】12345 は、奇数 です。
【2】2 進数は、11000000111001 です。
【3】2 進数に変換後の 1 の個数は、6 個 です。
【4】すべての位の数を足すと、15 です。
【5】奇数だけを足すと、9 です。
【6】左右を入れ替えると、54321 です。
【7】小さい順に並び替えると、12345 です。
【8】漢字に変換すると、一万二千三百四十五 です。

出力結果（2）
数字：202020
【1】202020 は、偶数 です。
【2】2 進数は、110001010100100100 です。
【3】2 進数に変換後の 1 の個数は、7 個 です。
【4】すべての位の数を足すと、6 です。
【5】奇数だけを足すと、0 です。
【6】左右を入れ替えると、020202 です。
【7】小さい順に並び替えると、000222 です。
【8】漢字に変換すると、二十万二千二十 です。

出力結果（3）
数字：802671
【1】802671 は、奇数 です。
【2】2 進数は、11000011111101101111 です。
【3】2 進数に変換後の 1 の個数は、14 個 です。
【4】すべての位の数を足すと、24 です。
【5】奇数だけを足すと、8 です。
【6】左右を入れ替えると、176208 です。
【7】小さい順に並び替えると、012678 です。
【8】漢字に変換すると、八十万二千六百七十一 です。

使いそうな機能：

Integer.parseInt：　String を int に変換します。

Integer.toBinaryString：　2 進数に変換します。

String.valueOf：char を String に変換します。

charAt(i)：i 番目の文字(char)を取り出します。

問題のヒント

```
package 秋学期;
import java.io.*;

public class 課題10_1 {
    public static void main(String [] args) throws IOException {
        BufferedReader br = new BufferedReader(new InputStreamReader(System.in));

        System.out.print("数字 : ");
        String str = br.readLine();

        Calculate keisan = new Calculate();
        keisan.number = str;

        System.out.println("【1】"+ str +" は、"+ keisan.Odd_Or_Even() +" です。");
        System.out.println("【2】2 進数は、"+ keisan.Binary() +" です。");
        System.out.println("【3】2 進数に変換後の 1 の個数は、"+ keisan.Number_Of_1_Binary() +"個 です。");
        [ 他のメソッドの結果を表示するプログラムを書きましょう。 ]
    }
}

class Calculate {
    String number;

    String Odd_Or_Even() {
        [ 奇数、偶数の判別をするプログラムを書きましょう。 ]
    }

    String Binary() {
        [ 2 進数に変換するプログラムを書きましょう。 ]
    }

    int Number_Of_1_Binary() {
        [ 2 進数に変換後の 1 の個数を求めるプログラムを書きましょう。 ]
    }

    [ 他のメソッドのプログラムを書きましょう。 ]
}
```

【8】Number_To_Kanji メソッドのヒント

- 以下の配列を用意します。

```
String[] kind1 = { "", "一", "二", "三", "四", "五", "六", "七", "八","九"};
String[] kind2 = { "", "十", "百", "千" };
String[] kind3 = { "", "万", "億", "兆", "京" };
```

- 一番下の桁を 0 番目とし、2 桁目を 1 番目、3 桁目を 2 番目・・・とします。
  i 番目を 4 で割った時の余りが 0 の場合： kind1 と kind3 を使って表示。
  上記以外で、i 番目の数字が 1 の場合： kind2 を使って表示。
  上記以外で、i 番目の数字が 0 の場合： 何も表示しない。
  上記以外： kind1 と kind2 を使って表示。

第 11 回　ブロック崩し（1） ボールとバーの動作

ブロック崩しのボールとバーを動かします。ボールは画面の端を跳ね返りながら動きます。バーはマウスの位置に合わせ、動かします。

準 備

- プログラミング実習の「src」の上で、「右ボタン」→「新規」→「パッケージ」で、パッケージ名を「ブロック崩し」にします。
- 「ブロック崩し」の上で、「右ボタン」→「新規」→「クラス」で、クラス名を「Block」にします。

implements されているインターフェースのメソッドの追加

- public class Block の上に、

```
import java.awt.*;
import java.awt.event.*;
```

を追加しましょう。

- public class Block の後ろに、

```
extends java.applet.Applet implements Runnable,
MouseMotionListener,  MouseListener
```

を追加しましょう。

- プログラム内の「Block」の上にマウスを持っていき、「実装されていないメソッドの追加」をクリックします。そうすると、implements されているインターフェースのメソッドが追加されます。

implements されているインターフェースの説明

- Runnable インターフェース
  - run メソッド　　スレッドが開始された時に実行されます。
- MouseMotionListener インターフェース
  - mouseDragged メソッド　　マウスがドラッグされた時。
  - mouseMoved メソッド　　マウスが動いた時。
- MouseListener インターフェース
  - mouseClicked メソッド　　マウスがクリックされた時。
  - mousePressed メソッド　　マウスが押された時。

- mouseReleased メソッド　　マウスが押された状態から離された時。
- mouseEntered メソッド　　マウスが乗った時。
- mouseExited メソッド　　マウスがウィンドウの外へ出た時。

アプレットで使用されるメソッドの追加

- mouseClicked メソッドの上に、以下の５つのメソッドを書き加えましょう。

```
public void init() {

}
public void start() {

}
public void stop() {

}
public void update(Graphics g) {

}
public void paint(Graphics g) {

}
```

アプレットで使用されるメソッドの説明

- init メソッド：　アプレットが読み込まれた時、１回だけ実行されるメソッド。
- start メソッド：　init メソッドの後に実行されるメソッド。
- stop メソッド：　アプレットの終了時に実行されるメソッド。
- paint メソッド：　描画処理に使うメソッド。
- update メソッド：　repaint();で実行されるメソッド。再描画に使う。

init、start、stop、update、paint メソッドのプログラム

- 後のページのプログラムを見ながら、まず public class Block の行と public void init()の行の間の変数を書きましょう。（Thread thread_state から Graphics offscreen_graphics; までのプログラム。）

- その後、init、start、stop、update、paint ﾒｿｯﾄﾞ のプログラムを書きましょう。

実行をしてみましょう。

- 「実行」→「実行」をしましょう。
  そうすると、右のような画面が出てきます。
  （バーはまだ動きません。）

- 画面サイズが合っていませんので、
  次回の実行は「実行」→「実行構成」→
  「パラメーター」で、幅を 400、高さを 525
  にして実行しましょう。

- パラメーターの設定は、その日最初の 1 回
  だけで大丈夫です。その後は普通に実行して
  ください。

スレッドの処理の説明（start メソッド内）

- スレッドの作成：　thread_state = new Thread(this);
  thread_state は変数の名前。どんな名前でも OK です。

- スレッドの開始：　thread_state.start();
  スレッドが開始されると、run メソッドが実行されます。

mousePressed、mouseMoved、run メソッドのプログラム

- mousePressed メソッドのプログラムを書きましょう。
  このメソッドはマウスがクリックされた時の処理で、ゲームの開始、ゲームの一時停止などを処理します。

- mouseMoved メソッドのプログラムを書きましょう。このメソッドはマウスが動いた時の処理で、バーの移動の処理を行なっています。

- run メソッドのプログラムを書きましょう。
  ボールの移動の処理を行なっています。

- 実行すると、バーとボールが動きます。
  今日はここまでです。

- 他のメソッドは使いませんので、
  コメントで // 使わない。と書いておきましょう。

ボール移動の角度

run メソッド内

```
ball_x = ball_x - (int)(Math.cos(Math.toRadians(ball_angle)) * 5);
ball_y = ball_y - (int)(Math.sin(Math.toRadians(ball_angle)) * 5);
```

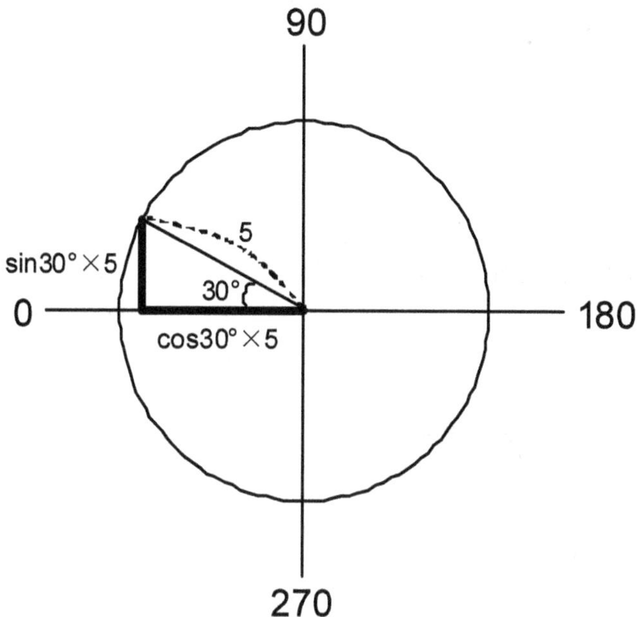

できてしまって、時間がある人へ

画面の色、バーの色、ボールの色などを変えてみましょう。

- paint メソッド内で、画面の中の色などを設定しています。
- new Color(120, 0, 120)　の数値を変更して、色を変えましょう。
- 色の数値の参考サイト：
  WEB カラーチャート：　http://www.peko-step.com/tool/colorchart.html
  Web Color List：　http://www.geocities.co.jp/HeartLand/8819/webjpcol.html

ボールの速さを変えてみましょう。

- ball_speed の数値を変えてみましょう。

ボール移動の角度を変えてみましょう。

- ball_angle の数値を変えてみましょう。

```
package ブロック崩し;

import java.awt.*;
import java.awt.event.*;

public class Block extends java.applet.Applet implements Runnable,
  MouseMotionListener, MouseListener {

    Thread thread_state = null;
    // ゲームの状態
    int move_state = 0;
    // 画面のサイズ
    int screen_width = 400, screen_height = 525;
    // バーの大きさ・位置
    int bar_height = 10, bar_width = 80;
    int bar_x = 0, bar_y = 445;
    // ボールの大きさ・位置・角度・速さ
    int ball_height = 8, ball_width = 8;
    int ball_x, ball_y;
    int ball_angle = 45, ball_speed = 10;
    Image offscreen;
    Graphics offscreen_graphics;

    public void init() {
        offscreen = createImage(screen_width, screen_height);
        offscreen_graphics = offscreen.getGraphics();

        addMouseMotionListener(this);
        addMouseListener(this);
    }

    public void start() {
        // move_state
        // 0 : ゲーム起動時    1 : ゲームスタート前   2 : ボール動作時
        // 3 : ボール動作中の停止   4 : ゲームオーバー   5:クリア
        if(move_state==0) { move_state = 1; }
        else if(thread_state == null) {
            thread_state = new Thread(this);
            move_state = 2;
            thread_state.start();
        }
    }
```

offscreen：画面に映す画像を入れる変数。

マウスの動作を認識するための機能を追加している。

もしゲーム起動時（0）なら、すぐに実行せず、1 の状態にする。それ以外で、もしスレッドが無いなら、スレッドを作り、状態を 2 にして、スレッドを開始する。スレッドが開始されると、run メソッドが実行される。

```
public void stop() {
    thread_state = null;
}
```

スレッドを止める。

```
public void update(Graphics g) {
    paint(g);
}
```

paint メソッドを実行する。

```
public void paint(Graphics g) {
    // 全体の背景色を薄い水色
    offscreen_graphics.setColor(new Color(220, 250, 250));
    offscreen_graphics.fillRect(0, 0, screen_width, screen_height);
    // 上から 20px まで青色
    offscreen_graphics.setColor(new Color(50, 50, 255));
    offscreen_graphics.fillRect(0, 0, screen_width, 20);
    // バーの表示
    offscreen_graphics.setColor(new Color(230, 230, 150));
    offscreen_graphics.fillRect(bar_x-(bar_width/2),
      bar_y-(bar_height/2),bar_width, bar_height);
    offscreen_graphics.setColor(new Color(150, 150, 25));
    offscreen_graphics.fillRect(bar_x-(bar_width/2)+2,
      bar_y-(bar_height/2)+2, bar_width-2, bar_height-2);
    offscreen_graphics.setColor(new Color(255, 255, 25));
    offscreen_graphics.fillRect(bar_x-(bar_width/2)+2,
      bar_y-(bar_height/2)+2, bar_width-4, bar_height-4);
    // ボールの表示
    offscreen_graphics.setColor(new Color(255, 153, 50));
    offscreen_graphics.fillOval(ball_x-(ball_width/2),
      ball_y-(ball_height/2), ball_width, ball_height);
    offscreen_graphics.setColor(new Color(203, 101, 0));
    offscreen_graphics.drawOval(ball_x-(ball_width/2),
      ball_y-(ball_height/2), ball_width, ball_height);
    // 文字の表示
    offscreen_graphics.setColor(Color.white);
    offscreen_graphics.drawString("ブロックくずし", 10, 15);

    // offscreen の画像を画面に表示
    g.drawImage(offscreen, 0, 0, this);
}
```

=======
Color
=======
RGB 形式
（赤、緑、青）
0～255 の数字。

=======
図形
=======
fillRect：四角形 ■
fillOval：　丸 ●
drawOval：丸 ○

(x 座標, y 座標,
横幅, 縦幅)

=======
文字
=======
drawString
(x 座標, y 座標)

```
public void mouseClicked(MouseEvent e) {
    // 使わない。
}

public void mousePressed(MouseEvent e) {
    // ゲームの開始、休止
    // move_state
    // 0：ゲーム起動時　　1：ゲームスタート前　2：ボール動作時
    // 3：ボール動作中の停止　4：ゲームオーバー　5:クリア
    if(move_state==1) {
        move_state = 2;
        start();
    }
    else if(move_state==2) {
        move_state = 3;
        repaint();
        stop();
    }
    else if(move_state==3) {
        move_state = 2;
        start();
    }
}

public void mouseReleased(MouseEvent e) {
    // 使わない。
}
public void mouseEntered(MouseEvent e) {
    // 使わない。
}
public void mouseExited(MouseEvent e) {
    // 使わない。
}
public void mouseDragged(MouseEvent e) {
    // 使わない。
}

public void mouseMoved(MouseEvent e) {
    // バーの移動
    bar_x = e.getX();
```

ゲームスタート前(1)なら、
状態を 2 にして、
start メソッドを実行。

ボール動作時(2)なら、
状態を 3（停止状態）にして、
再描画し、stop メソッドを実行。

ボール動作中の停止(3)なら、
状態を 2（動作状態）にして、
start メソッドを実行。

マウスの x 座標を取得し、bar_x に入れる。

```
        if(bar_x-(bar_width/2) < 0) {
            bar_x = bar_width/2;
        }

        if(bar_x+(bar_width/2) > screen_width) {
            bar_x = screen_width-(bar_width/2);
        }

        if(move_state==1) {
            ball_x = bar_x;
            ball_y = bar_y-10;
        }

        repaint();
    }

    public void run() {
        while(move_state==2) {
            ball_x = ball_x - (int)(Math.cos(Math.toRadians(ball_angle)) * 5);
            ball_y = ball_y - (int)(Math.sin(Math.toRadians(ball_angle)) * 5);

            if(ball_x < 0 || ball_x > screen_width)
                ball_angle = 180 - ball_angle;

            if(ball_y < 20 || ball_y > screen_height)
                ball_angle = -1 * ball_angle;

            repaint();

            try {
                Thread.sleep(ball_speed);
            } catch(InterruptedException e) {}
        }
    }

}
```

バーが左側の外にはみ出さないようにするための処理。

バーが右側の外にはみ出さないようにするための処理。

ゲームスタート前(1)の状態なら、ボールの位置をバーの真ん中にする。

再描画（update メソッドを実行）

左右の外にはみ出した時、180°から引いた角度にする。

上下の外にはみ出した時、-1 を掛けた角度にする。

再描画（update メソッドを実行）

ball_speed だけスレッドを止める。ball_speed の値が大きければ、ボールの速さは遅くなる。

第 12 回　ブロック崩し（2）バーとブロックの処理

ブロック崩しのバーとブロックの処理のプログラムを作成します。

- ボールの当たる場所により、バーの跳ね返り角度を変える処理。
- ブロックを表示し、ボールが当たるとブロックを消す処理。

今日の作業は、前回のプログラムを改良していきます。

前回のプログラムが終わっていない人は、前回の作業を先に行ないましょう。

バーで跳ね返る処理

run()内の `repaint();` の上に、以下のプログラムを加えましょう。

```
if(ball_x >= bar_x-(bar_width/2) && ball_x <= bar_x+(bar_width/2) &&
    ball_y >= bar_y-(bar_height/2) && ball_y <= bar_y+(bar_height/2)) {
    ball_angle = -1 * ball_angle;
}
```

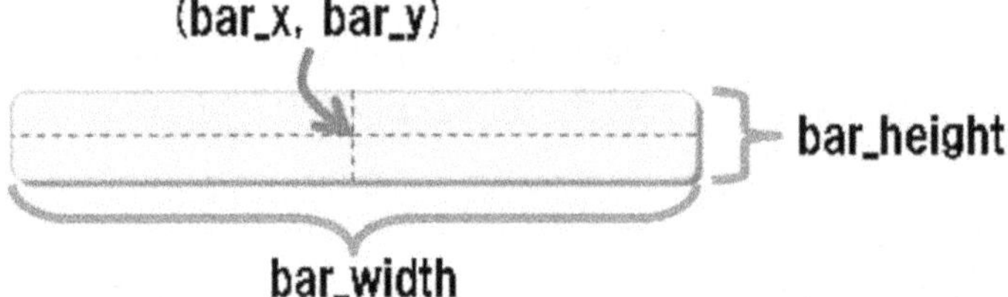

ball_x、ball_y がバーの範囲に入ったら、ボールの角度を変えます。(-1 倍する。)

実行して、確認しましょう。

バーの下に行ったら終了し、再スタート処理

run()内の `repaint();` の上に、以下のプログラムを加えましょう。

```
if(ball_y > screen_height) {
    move_state = 1;
}
```

ボールがバーの下に行ったら、move_state を 1 にします。

run()内の

```
  try {
    Thread.sleep(ball_speed);
  } catch(InterruptedException e) {}
}
```

の下に、以下のプログラムを加えましょう。

```
if(move_state == 1) {
    ball_x = bar_x;
    ball_y = bar_y-10;
    ball_angle = 45;
}
repaint();
stop();
```

move_state が 1 なら、ボールの位置をバーの上にし、角度を 45° にします。そして、再描画し、stop します。実行して、確認しましょう。

ボールの当たる場所により、バーの跳ね返り角度を変える処理

- run()内の

```
if(ball_x >= bar_x-(bar_width/2) && ball_x <= bar_x+(bar_width/2) &&
     ball_y >= bar_y-(bar_height/2) && ball_y <= bar_y+(bar_height/2)) {
ball_angle = -1 * ball_angle;
```

の下に、以下のプログラムを加えます。

```
if(ball_angle < 0) { ball_angle = 360 + ball_angle; }

if(ball_x <= bar_x) { // バーの左側に当たる場合。
    double mid = (double)(ball_x-(bar_x-(bar_width/2)))/(bar_width/2);
    ball_angle = (int)(ball_angle*mid+30*(1-mid));
}
else { // バーの右側に当たる場合。
    double mid = 1 - (double)(ball_x-bar_x)/(bar_width/2);
    ball_angle = (int)(ball_angle*mid+150*(1-mid));
}
```

- 上記のプログラムの説明
  - 変数 mid は、バーの端から真ん中までの間のボールが当たった場所の割合を表します。ボールがバーの真ん中に当たった場合は mid=1、端に当たった場合は mid=0 になります。0～1 の間の小数で表されます。

mid=0　mid=0.5　mid=1　mid=0.5　mid=0

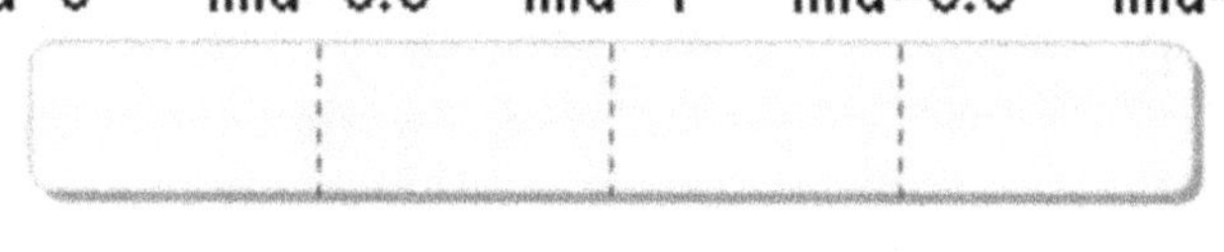

  - バーの真ん中にボールが当たった場合、同じ角度で跳ね返します。

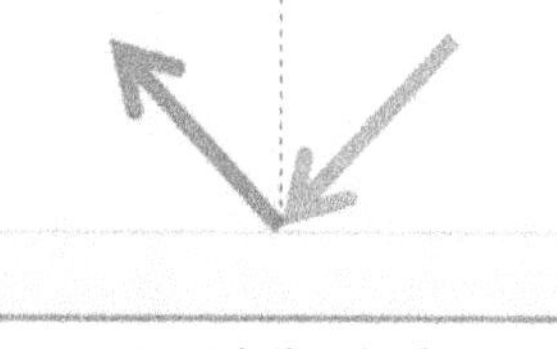

同じ角度で返す。

  - バーの左側にボールが当たった場合、角度を減らして跳ね返します。mid の値に合わせ、角度 30°～ball_angle の間の角度にします。

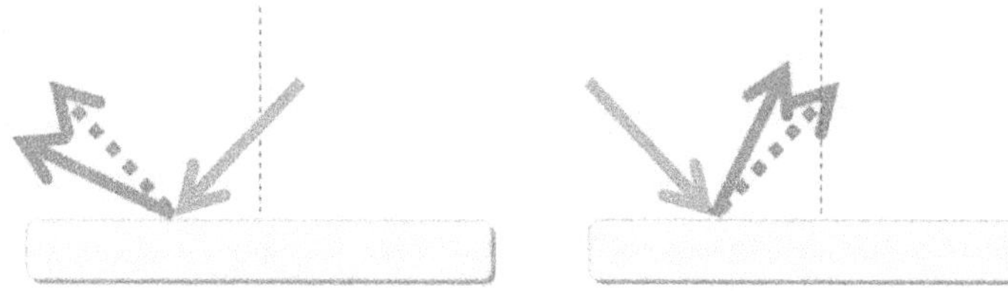

  - バーの右側にボールが当たった場合、角度を増やして跳ね返します。mid の値に合わせ、ball_angle～角度 150°の間の角度にします。

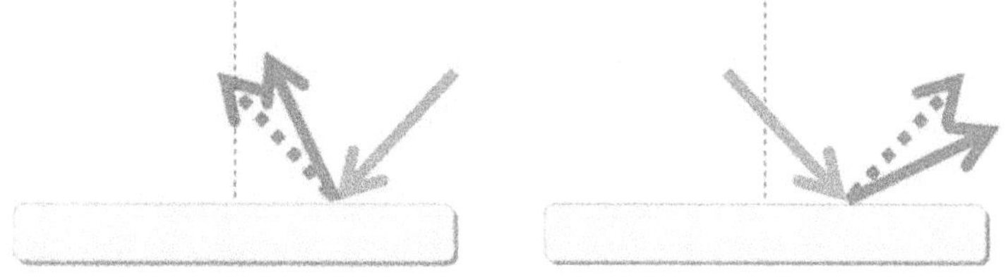

ブロックの表示

Graphics offscreen_graphics; の下に、以下のプログラムを加えましょう。

```
Color[] block_color = new Color[6];
int[][] block_state = new int[11][9];
int block_height = 20;
int block_width = 50;
int block_x, block_y;
```

block_color： ブロックの色です。
後で 1～5 の 5 種類の色を定義します。
block_state： ブロックの状態です。
横 1~10、縦 1~8 を使います。
block_height、block_width：
ブロックの高さと幅です。
block_x、block_y：ブロックの位置です。

init()内の addMouseListener(this); の下に、以下のプログラムを加えましょう。

```
block_color[1] = new Color(255,0,0);
block_color[2] = new Color(0,255,0);
block_color[3] = new Color(0,0,255);
block_color[4] = new Color(255,255,0);
block_color[5] = new Color(255,0,255);

block_state = new int[][]{
     {0,0,0,0,0,0,0,0,0},
     {0,1,2,1,2,1,2,1,2},
     {0,2,3,2,3,2,3,2,3},
     {0,1,0,1,0,1,0,1,0},
     {0,1,1,1,1,1,1,1,1},
     {0,1,1,1,1,1,1,1,1},
     {0,1,1,1,1,1,1,1,1},
     {0,1,1,1,1,1,1,1,1},
     {0,1,1,1,1,1,1,1,1},
     {0,1,1,1,1,1,1,1,1},
     {0,1,1,1,1,1,1,1,1}
};
```

block_color[1]～block_color[5]
ブロックの色を 5 種類、定義しています。
Color のカッコ内は RGB 値です。

block_state：ブロックの状態
0 は「ブロックなし」です。
1~5 は「ブロックの色」です。

一番上の行は、配列番号 0 で使わないため、すべて 0 にしています。
一番左の列も、配列番号 0 で使わないため、すべて 0 にしています。

paint(Graphics g)内の // バーの表示 の上に、以下のプログラムを加えましょう。

```
// ブロックの表示
for(int i=1; i<=10; i++) {
  for(int j=1; j<=8; j++) {
    block_x = block_width*(j-1);
    block_y = 60+block_height*(i-1);

    if(block_state[i][j]!=0) {
      offscreen_graphics.setColor(new Color(230, 230, 230));
      offscreen_graphics.fillRect(block_x, block_y, block_width, block_height);
      offscreen_graphics.setColor(new Color(150, 150, 150));
      offscreen_graphics.fillRect(block_x+2, block_y+2, block_width-2, block_height-2);
      offscreen_graphics.setColor(block_color[block_state[i][j]]);
      offscreen_graphics.fillRect(block_x+2, block_y+2, block_width-4, block_height-4);
    }
  }
}
```

block_x：横 j 番目のブロックの x 座標です。
block_y：縦 i 番目のブロックの y 座標です。

実行して、確認しましょう。

ボールが当たったら、ブロックを消す処理

- int block_x, block_y; の下に、以下のプログラムを加えましょう。

```
int current_block_x=0, current_block_y=0;
int before_block_x, before_block_y;
int diff_block_x, diff_block_y;
```

  - current_block_x、current_block_y：現在のボールの位置にあるブロックの番号
  - before_block_x、before_block_y：1 つ前のボールの位置にあったブロックの番号
  - diff_block_x、diff_block_y：現在と 1 つ前のブロック番号の差

- run() 内の

```
if(ball_y > screen_height) {
    move_state = 1;
}
```

の下に、以下のプログラムを加えましょう。

```
before_block_x = current_block_x;
before_block_y = current_block_y;

current_block_x = ball_x/block_width + 1;
current_block_y = (ball_y-60)/block_height + 1;

diff_block_x = current_block_x - before_block_x;
diff_block_y = current_block_y - before_block_y;

if(current_block_x>=1 && current_block_x<=8 &&
    current_block_y>=1 && current_block_y<=10) {

    if(block_state[current_block_y][current_block_x]>=1) {
        block_state[current_block_y][current_block_x] = 0;

        if(diff_block_x != 0)
            ball_angle = 180 - ball_angle;
        if(diff_block_y != 0)
            ball_angle = -1 * ball_angle;
    }
}
```

現在ボールがあるブロックの x 座標が 1～8 で、y 座標が 1～10 であり、そのブロックの状態が 1 以上ならば、そのブロックの状態を 0 にします。

diff_block_x が 0 でないなら、ブロックの横にボールが当たっているので、横に当たるときの跳ね返りをし、diff_block_y が 0 でないなら、ブロックの上下にボールが当たっているので、上下に当たるときの跳ね返りをします。

- 実行して、確認しましょう。

できてしまって、時間がある人へ

- ブロックの色や配置を変えてみましょう。ブロックの大きさを変えても OK です。
- ボールがバーに当たった時の跳ね返り方法はいろいろあります。
  例えば、ボールに当たる直前のバーの移動方向と移動距離によって、ボールの跳ね返り角度を変えるなど。変えたい人は自由に変えて大丈夫です。

第 13 回　ブロック崩し（３）その他の処理

点数の表示、ライフの表示、状況の表示や処理、ボール速度の処理を行ないます。
今日の作業は、前回のプログラムを改良していきます。
前回のプログラムが終わっていない人は、前回の作業を先に行ないましょう。

点数の表示

`int diff_block_x, diff_block_y;` の下に、以下のプログラムを加えましょう。

```
int score = 0;
```

public void paint(Graphics g) 内の
`offscreen_graphics.drawString("ブロックくずし", 10, 15);` の下に、
以下のプログラムを加えましょう。

```
// 点数の表示
offscreen_graphics.drawString("Score : " + score, 265, 15);
```

run() 内の

```
if(block_state[current_block_y][current_block_x]>=1) {
    block_state[current_block_y][current_block_x] = 0;
```

の下に、

以下のプログラムを加えましょう。

```
score += 10;
```

ブロックを１つ消すごとに、１０点加算します。

実行して、点数が増えることを確認しましょう。

ライフの表示

`int score = 0;` の下に、以下のプログラムを加えましょう。

```
int life = 3;
```

最初のライフを３にします。

public void paint(Graphics g) 内の
`offscreen_graphics.drawString("Score : " + score, 265, 15);` の下に、
次のプログラムを加えましょう。

```
// ライフの表示
offscreen_graphics.drawString("Life : " + life, 350, 15);
```

- mousePressed(MouseEvent e) 内の `if(move_state==1) {` の下に、以下のプログラムを加えましょう。

```
life--;
```

マウスをクリックする時に、move_state が 1 だったら、ライフを 1 つ減らします。

- 実行して、ライフが減ることを確認しましょう。

状況の表示

- PAUSE（一時停止）、GAMEOVER（ゲームオーバー）、STAGE CLEAR（ステージクリア）の文字を表示します。

- move_state の値は、PAUSE は「3」、GAMEOVER は「4」、STAGE CLEAR は「5」にします。

- public void paint(Graphics g) 内の
`offscreen_graphics.drawString("Life : " + life, 350, 15);` の下に、
以下のプログラムを加えましょう。

```
if(move_state == 3) {
  offscreen_graphics.setColor(Color.black);
  offscreen_graphics.drawString("PAUSE", 180, 350);
}

if(move_state == 4) {
  offscreen_graphics.setColor(Color.black);
  offscreen_graphics.drawString("GAME OVER", 170, 350);
}

if(move_state == 5) {
  offscreen_graphics.setColor(Color.black);
  offscreen_graphics.drawString("STAGE CLEAR", 165, 350);
}
```

  - move_state が３の時「PAUSE」を、
  - move_state が４の時「GAMEOVER」を、
  - move_state が５の時「STAGE CLEAR」を表示します。

- 実行して、一時停止で PAUSE が表示されることを確認しましょう。
（マウスの左ボタンクリックで、一時停止します。）

ゲームオーバーの処理

run() 内の

```
if(move_state == 1) {
   ball_x = bar_x;
   ball_y = bar_y-10;
   ball_angle = 45;
}
```

を、以下のプログラムに変更します。

```
if(move_state == 1) {
  if(life==0) {
    move_state = 4;
  }
  else {
    ball_x = bar_x;
    ball_y = bar_y-10;
    ball_angle = 45;
  }
}
```

move_state が 1 の時、もしライフが 0 ならばゲームオーバーなので、move_state を 4 にします。

実行して、わざとライフを 0 にし、GAME OVER が表示されることを確認しましょう。

クリアの処理

run() 内の `score += 10;` の下に、以下のプログラムを加えましょう。

```
int remainder = 0;
for(int i=1; i<=10; i++) {
    for(int j=1; j<=8; j++) {
        remainder += block_state[i][j];
    }
}
if(remainder <= 0) {
    move_state = 5;
}
```

- ブロックの状態（block_state[i][j]）をすべて足して、その合計（remainder）が 0 以下なら、ブロックの残りが存在せず、ステージクリアなので、move_state を 5 にします。

時間があれば、STAGE CLEAR が表示されることを確認しましょう。

ボールの速さ

- int life = 3; の下に、以下のプログラムを加えましょう。

```
int ball_move=0;
```

  - ball_move というボールの移動回数をカウントする変数を用意します。

- run() 内の try { の上に、以下のプログラムを加えましょう。

```
ball_move++;
if(ball_move%500==0) ball_speed--;
if(ball_speed < 3) ball_speed=3;
```

  - while 文を回るごとに、ball_move を 1 つずつ増やし、500 回ごとに ball_speed の値を減らしていきます。変数 ball_speed は値が小さいほど、ボールが速くなります。

- 実行して、ボールが速くなることを確認しましょう。

- run() 内の

```
ball_x = bar_x;
ball_y = bar_y-10;
ball_angle = 45;
```

  の下に、以下のプログラムを加えましょう。

```
ball_move=0;
ball_speed=10;
```

  - ボールがバーの下に落ちた時、ball_move と ball_speed を元に戻します。

- 実行して、ライフが減り再スタートの時に、ボールの速度が戻ることを確認しましょう。

これで完成です。

- Block.java を Oh-o! Meiji に提出しましょう。

第 14 回　テスト

最後の週にテストを行ないます。テストは実技問題です。
ここに問題のサンプルを載せます。テスト勉強の参考にしてください。

実技問題のサンプル

キーボードで、A 地点の x と y 座標、B 地点の x と y 座標を入力します。

① Length メソッドを作り、A 地点と B 地点の距離を求めましょう。
② Position メソッドを作り、A 地点が原点のどの位置にあるかを求めましょう。

プログラムの条件

- Map クラスを作りましょう。
- Map クラスのフィールド：　int 型 ax, ay, bx, by
  （順に A 地点の x 座標、A 地点の y 座標、B 地点の x 座標、B 地点の y 座標）
- Map クラスのメソッド：
  Length メソッド：　double Length()
  Position メソッド：String Position(int px, int py)
- Position メソッドは、右上、右下、左上、左下 を返しましょう。
  x が 0 の場合は右側に、y が 0 の場合は上側にしましょう。

出力結果（1）
A 地点の x 座標：1
A 地点の y 座標：2
B 地点の x 座標：5
B 地点の y 座標：-3
【1】A と B の距離は、6.4031242374328485 です。
【2】A は、原点の 右上 にあります。

出力結果（2）
A 地点の x 座標：-3
A 地点の y 座標：-7
B 地点の x 座標：5
B 地点の y 座標：-1
【1】A と B の距離は、10.0 です。
【2】A は、原点の 左下 にあります。

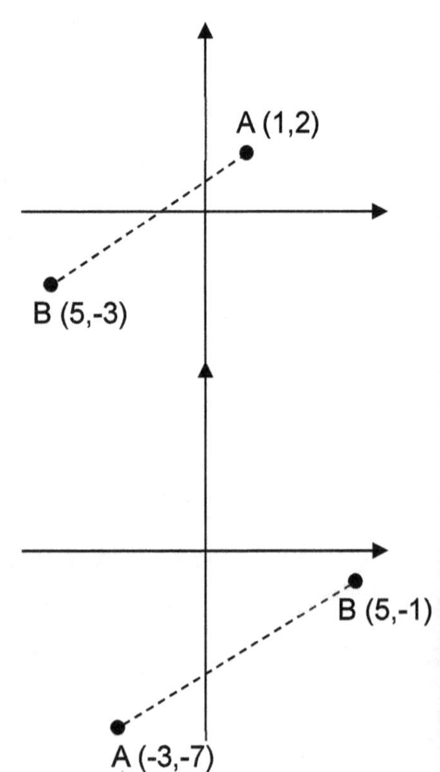

第3章　プログラミング実習 I の課題のヒント

第 3 回　変 数 のヒント

課題 03_1　と　課題 03_2

```
package 春学期;

public class 課題03_1 {
  public static void main(String [] args) {

    int [          ];

    birth_year = [    ];
    this_year  = [    ];

    age = [          ];

    System.out.println([          ]);
    System.out.println([          ]);
  }
}
```

```
package 春学期;

public class 課題03_2 {
  public static void main(String [] args) {

    String [          ];
    double [          ];

    station1 = [    ];
    station2 = [    ];

    kyori = [    ];
    jikan = [    ];

    speed = [      ];

    System.out.println([          ]);
    System.out.println([          ]);
  }
}
```

第 4 回　キーボード入力 のヒント

課題 04_1　と　課題 04_2

```
package 春学期;
import java.io.*;

public class 課題 04_1 {
  public static void main(String [] args) throws IOException {
    BufferedReader br = new BufferedReader(new InputStreamRead
er(System.in));
    System.out.println("りんごの個数を入力して下さい。");
    String str = br.readLine();
    int num = Integer.parseInt(str);

    [ 変数 sum を double 型（小数型）で宣言する。 ]

    sum = [          ];

    System.out.println("合計金額は"+sum+"円です。");
  }
}
```

```
package 春学期;
import java.io.*;

public class 課題 04_2 {
  public static void main(String [] args) throws IOException {
    BufferedReader br = new BufferedReader(new InputStreamRead
er(System.in));

    System.out.print("底辺：");
    String str = br.readLine();
    double width = Double.parseDouble(str);

    System.out.print("高さ：");
    str = br.readLine();
    double height = Double.parseDouble(str);

    [ 変数 area を double 型（小数型）で宣言する。 ]
    area = [          ];

    System.out.println("底辺"+width+"cm、高さ"+height+"cm の三
角形の面積は"+area+"cm2 です。");
  }
}
```

第 5 回　演算子 のヒント

課題 05_2　と　課題 05_3

```
package 春学期;
import java.io.*;

public class 課題05_2 {
  public static void main(String [] args) throws IOException {
    BufferedReader br = new BufferedReader(new InputStreamRead
er(System.in));

    System.out.print("底辺 : ");
    String str = br.readLine();
    double width = Double.parseDouble(str);

    System.out.print("高さ : ");
    str = br.readLine();
    double height = Double.parseDouble(str);

    [ 変数 area を int 型（整数型）で宣言する。 ]
    area = [ キャスト ] [ 面積の計算 ];

    System.out.println("底辺"+width+"cm、高さ"+height+"cm の三
角形の面積は"+area+"cm2 です。");
  }
}
```

```
package 春学期;
import java.io.*;

public class 課題05_3 {
  public static void main(String [] args) throws IOException {
    BufferedReader br = new BufferedReader(new InputStreamRead
er(System.in));

    System.out.print("メートル : ");
    String str = br.readLine();
    double meter = Double.parseDouble(str);

    [ 変数 yard と mile を int 型（整数型）で宣言する。 ]

    yard = [ キャスト ] [ ヤードの計算 ];
    mile = [ キャスト ] [ マイルの計算 ];

    System.out.println(yard+"ヤード、"+mile+"マイル");
  }
}
```

第６回　条件文（１）のヒント

課題 06_2　と　課題 06_3

```
package 春学期;
import java.io.*;

public class 課題06_2 {
  public static void main(String [] args) throws IOException {
    BufferedReader br = new BufferedReader(new InputStreamRead
er(System.in));
    System.out.println("あなたの生まれた年を入力して下さい。");
    String str = br.readLine();
    int birth_year = Integer.parseInt(str);
    [変数kindをString型（文字列型）で宣言する。]
    if(birth_year%12 == 0) {
      kind = "さる";
    }
    else if( [年を１２で割った時の余りが１] ) {
      [変数kindに「とり」を入れる。]
    }
    else if( [年を１２で割った時の余りが２] ) {
      [変数kindに「いぬ」を入れる。]
    }
    [同様に、余り３の時「いのしし」、余り４の時「ねずみ」、]
    [……、余り１０の時まで行ないましょう。]
    else {
      [変数kindに「ひつじ」を入れる。]
    }

    System.out.println("あなたの干支は、" + kind + "です。");
  }
}
```

```
package 春学期;
import java.io.*;

public class 課題06_3 {
  public static void main(String [] args) throws IOException {
    BufferedReader br = new BufferedReader(new InputStreamRead
er(System.in));
    System.out.print("身長：");
    String str = br.readLine();
    double height = Double.parseDouble(str);
    System.out.print("体重：");
    str = br.readLine();
    double weight = Double.parseDouble(str);

    [変数bmiをdouble型（小数型）で宣言する。]
    [変数resultをString型（文字列型）で宣言する。]

    bmi = [                    ];

    if( [bmiが１８以下] ) {
      [変数resultに「やせ」を入れる。]
    }
    else if( [bmiが２５未満] ) {
      [変数resultに「標準」を入れる。]
    }
    else if( [bmiが３０未満] ) {
      [変数resultに「肥満度１」を入れる。]
    }
    [同様に、bmiが３５未満の時「肥満度２」、]
    [bmiが４０未満の時「肥満度３」]
    else {
      [変数resultに「肥満度４」を入れる。]
    }

    System.out.println("BMI値は、" + bmi + "です。");
    System.out.println(result + "です。");
  }
}
```

第 7 回　条件文（2）のヒント

課題 07_1　と　課題 07_2

```
package 春学期;
import java.io.*;

public class 課題07_1 {
  public static void main(String [] args) throws IOException {
    BufferedReader br = new BufferedReader(new InputStreamRead
er(System.in));
    System.out.print("生まれた月：");
    String str = br.readLine();
    int month = Integer.parseInt(str);
    System.out.print("生まれた日：");
    str = br.readLine();
    int day = Integer.parseInt(str);

    String seiza;

    if( month==3 && day>=21 || month==4 && day<=19 ) {
        seiza = "おひつじ座";
    }
    else if( 4月で20日以降　||　5月で20日以前 ) {
        変数 seiza に「おうし座」を入れる。
    }
    else if( 5月で21日以降　||　6月で21日以前 ) {
        変数 seiza に「ふたご座」を入れる。
    }
    同様に、かに座、しし座、・・・、みずがめ座、
    うお座の処理を行ないましょう。
    else {
        変数 seiza に「不明」を入れる。
    }

    System.out.println("あなたの星座は、"+seiza+"です。");
  }
}
```

```
package 春学期;
import java.io.*;

public class 課題07_2 {
  public static void main(String [] args) throws IOException {
    BufferedReader br = new BufferedReader(new InputStreamRead
er(System.in));
    System.out.print("西暦：");
    String str = br.readLine();
    int year = Integer.parseInt(str);

    String wareki;

    if( 変数 year が 1868 以上　&&　変数 year が 1911 以上 ) {
        wareki = "明治" + (year-1867) + "年";
    }
    else if( 変数 year が 1912 以上 && 変数 year が 1925 以上 ) {
        wareki =                ;
    }
    else if( 変数 year が 1926 以上 && 変数 year が 1988 以上 ) {
        wareki =                ;
    }
    else if( 変数 year が 1989 以上 && 変数 year が 2013 以上 ) {
        wareki =                ;
    }
    else {
        wareki = "不明";
    }

    System.out.println("和暦は、"+wareki+"です。");
  }
}
```

第 8 回　条件文（3）のヒント

課題 08_1　と　課題 08_2

```
package 春学期;
import java.io.*;

public class 課題08_1 {
  public static void main(String [] args) throws IOException {
    BufferedReader br = new BufferedReader(new InputStreamRead
er(System.in));
    System.out.println("月を入力して下さい。");
    String str = br.readLine();
    int number = Integer.parseInt(str);
    String result;

    switch (number) {
        case 3:
        case 4:
        case 5:
            result = "春";
            break;
        [ 6~8 なら result を「夏」にする。 ]
        [ 9~11 なら result を「秋」にする。 ]
        [ 12~2 なら result を「冬」にする。 ]
        default:
            result = "範囲外";
            break;
        }
    System.out.println(number+"月は、"+result+"です。");
  }
}
```

```
package 春学期;
import java.io.*;

public class 課題08_2 {
  public static void main(String [] args) throws IOException {
    BufferedReader br = new BufferedReader(new InputStreamRead
er(System.in));
    System.out.println("あなたの生まれた年を入力して下さい。");
    String str = br.readLine();
    int birth_year = Integer.parseInt(str);
    String eto;

    switch ( [ birth_year を12で割った時の余り ] ) {
        case 0:
            eto = "さる";
            break;
        [ case 文を使って、1~11 ごとに eto を設定します。 ]
        default:
            eto = "不明";
            break;
    }

    System.out.println("あなたの干支は、"+eto+"です。");
  }
}
```

課題 08_3

```
package 春学期;
import java.io.*;

public class 課題08_3 {
  public static void main(String [] args) throws IOException {
    BufferedReader br = new BufferedReader(new InputStreamRead
er(System.in));
    System.out.print("学生番号：　");
    String str = br.readLine();
    int bango = Integer.parseInt(str);

    ┌ 変数 amari を int 型で宣言し、
    └ bango を 3 で割った時の余りにします。

    String class_name;

    switch (amari) {
      case 0:
        class_name = "A 組";
        break;
      ┌ case 文を使って、1~2 ごとに class_name を設定します。┐
      default:
        class_name = "不明";
        break;
    }
    System.out.println("あなたのクラスは "+class_name+"です。");
  }
}
```

第 9 回　復習問題 のヒント

課題 09_1　と　課題 09_2

```
package 春学期;

import java.io.*;

public class 課題09_1 {
  public static void main(String [] args) throws IOException {
    BufferedReader br = new BufferedReader(new InputStreamReader(System.in));

    System.out.print("距離（m）：");
    String str = br.readLine();
    double length = Double.parseDouble(str);

    [ 時間（秒）のキーボード入力 ]

    double speed = [                    ];

    System.out.println("時速"+speed+"kmです。");
  }
}
```

```
package 春学期;

import java.io.*;

public class 課題09_2 {
  public static void main(String [] args) throws IOException {
    BufferedReader br = new BufferedReader(new InputStreamReader(System.in));

    System.out.print("日数：");
    String str = br.readLine();
    int days = Integer.parseInt(str);

    int year = [                    ];
    int month = [                    ];
    int day = [                    ];

    System.out.print(year+"年"+month+"カ月"+day+"日");
  }
}
```

課題 09_3　と　課題 09_4

```
package 春学期;

import java.io.*;

public class 課題09_3 {
  public static void main(String [] args) throws IOException {
    BufferedReader br = new BufferedReader(new InputStreamRead
er(System.in));

    System.out.print("チャンネル：　");
    String str = br.readLine();
    int number = Integer.parseInt(str);

    String channel;

    switch (number) {
      case 1:
        channel = "NHK 総合";
        break;
      [        他のチャンネル        ]
      default:
        channel = "不明";
        break;
    }

  System.out.println(number+"チャンネルは、"+channel+"です。");


  }
}
```

```
package 春学期;
import java.io.*;

public class 課題09_4 {
  public static void main(String [] args) throws IOException {
    BufferedReader br = new BufferedReader(new InputStreamRead
er(System.in));
    System.out.print("距離 (km)：　");
    String str = br.readLine();
    double length = Double.parseDouble(str);

    double ri = [                    ];

    System.out.println(length+"km は、"+ri+"里です。");

    if(length < 263) {
        System.out.print("名古屋の手前です。");
    }
    [  else if で他の地点についても行なう。  ]
    else {
        System.out.print("沖縄を過ぎました。");
    }
  }
}
```

課題 09_5 と 課題 09_6

```
package 春学期;
import java.io.*;

public class 課題09_5 {
  public static void main(String [] args) throws IOException {
    BufferedReader br = new BufferedReader(new InputStreamRead
er(System.in));

    System.out.print("広さ (m2) : ");
    String str = br.readLine();
    int area = Integer.parseInt(str);

    int tubo = [キャスト] [            ];

    System.out.println(area + "m2 は、" + tubo + "坪です。");

    int dome = [キャスト] [            ];

    System.out.println("東京ドーム " + dome + " 個分です。");
  }
}
```

```
package 春学期;
import java.io.*;

public class 課題09_6 {
  public static void main(String [] args) throws IOException {
    BufferedReader br = new BufferedReader(new InputStreamRead
er(System.in));

    System.out.print("水道量 (m3) : ");
    String str = br.readLine();
    int number = Integer.parseInt(str);

    int price;

    if(number >= 6 && number <= 10) {
        price = 1170 + 22*(number-5);
    }
    [  else if で他の場合についても行なう。  ]
    else {
        price = 99999999;
    }

    System.out.print("水道料金は、"+price+"円です。");
  }
}
```

第 10 回　繰り返し文（1）のヒント

課題 10_1　と　課題 10_3

```
package 春学期;

import java.io.*;

public class 課題 10_1 {
  public static void main(String [] args) throws IOException {
    BufferedReader br = new BufferedReader(new InputStreamRead
er(System.in));
    System.out.print("1 つ目の数字：");
    String str = br.readLine();
    int input_num1 = Integer.parseInt(str);

    System.out.print("2 つ目の数字：");
    str = br.readLine();
    int input_num2 = Integer.parseInt(str);

    int goukei=0;

    for(int i=[        ]; i<=[        ]; [        ]) {
      goukei = [                    ];
    }
    System.out.println(input_num1+"から"+input_num2+"までの合
計は、"+goukei+"です。");
  }
}
```

```
package 春学期;

import java.io.*;

public class 課題 10_3 {
  public static void main(String [] args) throws IOException {
    BufferedReader br = new BufferedReader(new InputStreamRead
er(System.in));
    System.out.print("数字：");
    String str = br.readLine();
    int input_num = Integer.parseInt(str);

    for(int i=[        ]; i<=[        ]; [        ]) {
      for(int j=[        ]; j<=[        ]; [        ]) {
        System.out.print("[        ]");
      }
      System.out.print("[        ]");
    }
  }
}
```

第 11 回　繰り返し文（2）のヒント

課題 11_1　と　課題 11_2

```
package 春学期;

import java.io.*;

public class 課題11_1 {
  public static void main(String [] args) throws IOException {
    BufferedReader br = new BufferedReader(new InputStreamRead
er(System.in));
    System.out.print("n : ");
    String str = br.readLine();
    int n = Integer.parseInt(str);

    int i=1, result=1;

    while( [    iがn以下    ] ) {
      result = [          ];
      [ iを1つ増やす。 ]
    }
    System.out.println("2の"+n+"乗は、"+result+"です。");
  }
}
```

```
package 春学期;
import java.io.*;
public class 課題11_2 {
  public static void main(String [] args) throws IOException {
    BufferedReader br = new BufferedReader(new InputStreamRead
er(System.in));

    System.out.print("積立金額：");
    String str = br.readLine();
    int first_money = Integer.parseInt(str);

    System.out.print("年利(%)：");
    str = br.readLine();
    double percent = Double.parseDouble(str);

    System.out.print("目標金額：");
    str = br.readLine();
    int last_money = Integer.parseInt(str);

    int i=0, money=0;

    while( [          ] ) {
      money = [ moneyに年利分を加えた金額 ] + [ 積立金額 ];
      System.out.println(i+"年目の金額は、"+money+"円です。");
      i++;
    }
  }
}
```

課題 11_3　と　課題 11_4

```
package 春学期;

import java.io.*;

public class 課題 11_3 {
  public static void main(String [] args) throws IOException {

    BufferedReader br = new BufferedReader(new InputStreamRead
er(System.in));

    System.out.print("数字：");
    String str = br.readLine();
    int number = Integer.parseInt(str);

    int i=1;

    while([          ]) {

        if([          ]) {
            System.out.println(i+"で割り切れます。");
        }

        i++;
    }

  }
}
```

```
package 春学期;

import java.io.*;

public class 課題 11_4 {
  public static void main(String [] args) throws IOException {

    BufferedReader br = new BufferedReader(new InputStreamRead
er(System.in));

    System.out.print("数字：");
    String str = br.readLine();
    int number = Integer.parseInt(str);

    int i=2,check=1;

    while([          ]) {

        if([          ]) {
            System.out.println(i+"で割り切れます。");
            [          ]
        }
        i++;
    }

    [ if 文で、check が 1 ならば、素数ですと表示し、 ]
    [ それ以外なら、素数ではないですと表示。 ]
  }
```

第 12 回　繰り返し文（3）のヒント

課題 12_1　と　課題 12_2

```
package 春学期;
import java.io.*;

public class 課題12_1 {
  public static void main(String [] args) throws IOException {
    BufferedReader br = new BufferedReader(new InputStreamRead
er(System.in));
    System.out.println("数当てゲーム");
    System.out.println("0～9の値を入力して下さい");
    int correct_answer = (int)(Math.random()*10);
    int num, chance_num=5;

    do {
        System.out.print("数字：");
        String str = br.readLine();
        num = Integer.parseInt(str);

        [ chance_num を 1 つ減らす。 ]

        if( [ 正解（correct_answer と num が同じ） ] ) {
            System.out.println("正解！！");
            [ chance_num を 0 にする。 ]
        }
        else if( [ chance_num が 0 ] ) {
            [ 不正解で、正解を表示する。 ]
        }
        else {
            [ 不正解で、チャンス回数を表示する。 ]
        }
    } while( [ chance_num が 0 より大きい ] );

  }
}
```

```
package 春学期;
import java.io.*;

public class 課題12_2 {
  public static void main(String [] args) throws IOException {
    BufferedReader br = new BufferedReader(new InputStreamRead
er(System.in));
    int num;

    do {
        System.out.print("学籍番号：");
        String str = br.readLine();
        num = Integer.parseInt(str);

        if( [ num が 0 以下または 1000 以上 ] ) {
            System.out.println(num+"番は存在しないです。");
        }
        [ else if で、 num を 3 で割った余りが 0 ならば A 組。 ]
        [ else if で、 num を 3 で割った余りが 1 ならば B 組。 ]
        else {
            System.out.println(num+"番は C 組です。");
        }

    } while( [ num が 1 以上 999 以下の間 ] );

    System.out.println("終了！！");
  }
}
```

課題 12_3

```
package 春学期;
import java.io.*;

public class 課題12_3 {
  public static void main(String [] args) throws IOException {
    BufferedReader br = new BufferedReader(new InputStreamRead
er(System.in));

    int number;

    do {
        System.out.print("数字：");
        String str = br.readLine();
        number = Integer.parseInt(str);

        for( [ numberの数の回数を繰り返す ] ) {
           [ numberが奇数ならば☆、偶数ならば○を表示。 ]
        }
        [ 改行２つ ]

    } while( [          ] );

    System.out.println("終了");
  }
}
```

第13回　配 列 のヒント

課題13_1　と　課題13_2

```
package 春学期;

public class 課題13_1 {
  public static void main(String [] args) {

    String[] name = new String[5];
    int[] price = new int[5];

    name[0]="りんご";  price[0]=100;
    [ 配列に、他の果物の名前と値段を入れましょう。 ]

    for(int i=0; i<=4; i++) {
      [ 出力結果のように System.out.println で表示しましょう。 ]
    }
  }
}
```

```
package 春学期;

public class 課題13_2 {
  public static void main(String [] args) {

    int[][] stone = new int[  ][  ];

    stone[1][1] = 1;  stone[2][1] = 1;
    [ 他の■になるところに1を入れましょう。 ]

    for(int i=1; i<=  ; i++) {
      for(int j=1; j<=  ; j++) {

        if(stone[i][j]==1)
          [ ■を表示。 ]
        else
          [ ◇を表示。 ]
      }
      [ 改行を1つ入れましょう。 ]
    }

  }
}
```

課題 13_3　と　課題 13_4

```
package 春学期;

import java.io.*;

public class 課題 13_3 {
  public static void main(String [] args) throws IOException {

    BufferedReader br = new BufferedReader(new InputStreamRead
er(System.in));

    [ int 型の配列 num を 5 個で宣言しましょう。 ]

    for(int i=0; i<=4; i++) {
        System.out.print((i+1)+"番目： ");
        String str = br.readLine();
        num[i] = Integer.parseInt(str);
    }

    for(int i=0; i<=3; i++) {

        [ num[i]と num[i+1]を足した数字を ]
        [ System.out.print で表示しましょう。 ]

        System.out.print("¥t");
    }
  }
}
```

```
package 春学期;

import java.io.*;

public class 課題 13_4 {
  public static void main(String [] args) throws IOException {

    BufferedReader br = new BufferedReader(new InputStreamRead
er(System.in));

    [ String 型の配列 channel を 9 個で宣言しましょう。 ]
    int num;

    channel[1] = "NHK 総合";
    [ 他のテレビ局についても配列に名前を入れましょう。 ]

    do {
        System.out.print("チャンネル： ");
        String str = br.readLine();
        num = Integer.parseInt(str);

        [ System.out.println で出力結果のように表示しましょう。 ]

    } while( [ num が 0 でない ] );

    System.out.println("終了しました");
  }
}
```

第4章　プログラミング実習 II の課題のヒント

第 1 回　復習演習 のヒント

課題 01_1　と　課題 01_2

```
package 秋学期;
import java.io.*;

public class 課題01_1 {
  public static void main(String [] args) throws IOException {
    BufferedReader br = new BufferedReader(new InputStreamRead
er(System.in));
    System.out.print("ボーダー：");
    String str = br.readLine();
    int border = Integer.parseInt(str);

    int sum=0;
    int i=0;

    while(            ) {
        i++;
                    ;
                    ;
    }

    System.out.println(border+"を超えたのは、i が"+i+"の時です。
");
  }
}
```

```
package 秋学期;
import java.io.*;

public class 課題01_2 {
  public static void main(String [] args) throws IOException {
    BufferedReader br = new BufferedReader(new InputStreamRead
er(System.in));
    System.out.print("個数：");
    String str = br.readLine();
    int input_num = Integer.parseInt(str);

    for(            ) {
        for(            ) {
            if(            ) {
                System.out.print("◇");
            }
            else {
                System.out.print("■");
            }
        }
        System.out.print("¥n");
    }

  }
}
```

第２回　文字列の操作 のヒント

課題 02_1　と　課題 02_2

```
package 秋学期;
import java.io.*;

public class 課題02_1 {
  public static void main(String [] args)  throws IOException{
    BufferedReader br = new BufferedReader(new InputStreamRead
er(System.in));
    System.out.print("文字列：");
    String str = br.readLine();

    System.out.println(str);

    System.out.println("変換後：");
    [      「は」を「ぼ」に変換      ]
    [      「し」を「う」に変換      ]
    [      「え」を「か」に変換      ]
    [      「び」を「に」に変換      ]
    [      「く」を消す。(「く」を無し""に変換)      ]

    System.out.println(str);
  }
}
```

```
package 秋学期;
import java.io.*;

public class 課題02_2 {
  public static void main(String [] args) throws IOException {
    BufferedReader br = new BufferedReader(new InputStreamRead
er(System.in));
    System.out.print("学生番号：");
    String str = br.readLine();
    String dep, year, number;

    dep    = [                    ];
    year   = [                    ];
    number = [                    ];

    System.out.print("所属学部：  ");

    if( [ depと001が同じ ] ) {
        System.out.println("法学部");
    }
    else if( [ depと002が同じ ] ) {
        System.out.println("商学部");
    }
    else if( [ depと003が同じ ] ) {
        System.out.println("情報コミュニケーション学部");
    }
    else {
        System.out.println("不明");
    }

    System.out.println("入学年：  20"+year+"年");
    System.out.println("出席番号：  "+number+"番");
  }
}
```

課題 02_3　と　課題 02_4

```
package 秋学期;
import java.io.*;

public class 課題 02_3 {
  public static void main(String [] args) throws IOException {
    BufferedReader br = new BufferedReader(new InputStreamRead
er(System.in));
    System.out.print("カード：");
    String str = br.readLine();
    String A="",B="",C="";

    for(int i=0; i<str.length(); i++) {
        if( [ i を 3 で割った時の余りが 0 ] ) {
            A = A + [ str の i 番目の文字 ];
        }
        else if( [ i を 3 で割った時の余りが 1 ] ) {
            B = B + [ str の i 番目の文字 ];
        }
        else {
            C = C + [ str の i 番目の文字 ];
        }
    }

    System.out.println("A のカード：  "+A);
    System.out.println("B のカード：  "+B);
    System.out.println("C のカード：  "+C);
  }
}
```

```
package 秋学期;

import java.io.*;


public class 課題 02_4 {

  public static void main(String [] args) throws IOException {

    BufferedReader br = new BufferedReader(new InputStreamRead
er(System.in));

    System.out.print("複数の数字：");

    String str = br.readLine();


    String[] number = [ split で str を分割します。 ];


    for(int i=0; i < [ 配列 number のサイズ ]; i++) {

        System.out.println([ i 番目の配列 number の値 ]);

    }

  }

}
```

第３回　数学関数 のヒント

課題 03_1　と　課題 03_2

```
package 秋学期;
import java.io.*;

public class 課題03_1 {
  public static void main(String [] args) throws IOException {
    BufferedReader br = new BufferedReader(new InputStreamRead
er(System.in));
    System.out.print("半径(cm) : ");
    String str = br.readLine();
    double input_num = Double.parseDouble(str);

    double enshu   = [          ];
    double menseki = [          ];
    double taiseki = [          ];

    [   円周の表示   ];
    [ 円の面積の表示 ];
    [ 球の体積の表示 ];
  }
}
```

```
package 秋学期;
import java.io.*;

public class 課題03_2 {
  public static void main(String [] args) throws IOException {
    BufferedReader br = new BufferedReader(new InputStreamRead
er(System.in));
    System.out.println("直角三角形について");
    System.out.print("１辺目(cm) : ");
    String str = br.readLine();
    double input1 = Double.parseDouble(str);

    System.out.print("２辺目(cm) : ");
    str = br.readLine();
    double input2 = Double.parseDouble(str);

    double syahen  = [          ];
    double menseki = [          ];
    double nagasa  = [          ];

    [   斜辺の表示   ];
    [   面積の表示   ];
    [ 周りの長さの表示 ];

  }
}
```

第 4 回　計算の演習 のヒント

課題 03_3　と　課題 04_1

```
package 秋学期;

public class 課題03_3 {
  public static void main(String [] args) {
    System.out.println("乱数１００個 (0~100) ");

    int[] number = new int[101];

    for(int i=1; i<=100; i++) {
        number[i] = [ 乱数の数を 100 倍し、近い整数にする。 ];
        System.out.print(number[i]+"¥t");

        if( [ i を 10 で割った時の余りが 0 ならば ] )
            System.out.print("¥n");
    }

    int min_num=1, max_num=0;
    double ave_num=0;

    for(int i=1; i<=100; i++) {
        min_num = [ min_num と number[i]の小さい方の値 ];
        max_num = [ max_num と number[i]の大きい方の値 ];
        ave_num += number[i];
    }
    ave_num = [ ave_num を 100 で割る ];
    System.out.print("¥n");

    [ 最小値の表示 ];
    [ 最大値の表示 ];
    [ 平均値の表示 ];
  }
}
```

```
package 秋学期;

import java.io.*;


public class 課題04_1 {

  public static void main(String [] args) throws IOException {

    BufferedReader br = new BufferedReader(new InputStreamRead
er(System.in));

    System.out.print("数字 : ");

    String str = br.readLine();

    int number = Integer.parseInt(str);

    int sum=0;


    for( [                    ] ) {

        if( [                    ] ) {

            sum = [                ];

        }

    }

    System.out.println(number+"の約数の合計は、"+sum+"です。");

  }

}
```

課題 04_2　と　課題 04_3

```
package 秋学期;
import java.io.*;

public class 課題04_2 {
  public static void main(String [] args) throws IOException {
    BufferedReader br = new BufferedReader(new InputStreamRead
er(System.in));

    System.out.print("スタート：");
    String str = br.readLine();
    double num = Double.parseDouble(str);

    System.out.print("回数：");
    str = br.readLine();
    int repeat_num = Integer.parseInt(str);

    for( [                ] ) {
        num = [              ];
        [ 各回目の数を表示する。System.out.println を使う。 ]
    }

  }
}
```

```
package 秋学期;
import java.io.*;

public class 課題04_3 {
  public static void main(String [] args) throws IOException {
    BufferedReader br = new BufferedReader(new InputStreamRead
er(System.in));

    System.out.print("数字１：");
    String str = br.readLine();
    int number1 = Integer.parseInt(str);

    System.out.print("数字２：");
    str = br.readLine();
    int number2 = Integer.parseInt(str);

    int gcd=0;

    for( [                ] ) {

        [ もし number1 も number2 も i で割り切れるならば、 ]
        [ gcd に i の値を入れる。 ]
    }

    System.out.println(number1+"と"+number2+"の最大公約数は、
"+gcd+"です。");
  }
}
```

課題 04_4　と　課題 04_5

```
package 秋学期;
import java.io.*;

public class 課題04_4 {
  public static void main(String [] args) throws IOException {
    BufferedReader br = new BufferedReader(new InputStreamRead
er(System.in));

    System.out.print("数字１：");
    String str = br.readLine();
    int number1 = Integer.parseInt(str);

    System.out.print("数字２：");
    str = br.readLine();
    int number2 = Integer.parseInt(str);

    int lcm=number1;

    while([          ]) {

        lcm = [          ];

    }

    System.out.println(number1+"と"+number2+"の最小公倍数は、
"+lcm+"です。");

  }
}
```

```
package 秋学期;
import java.io.*;

public class 課題04_5 {
  public static void main(String [] args) throws IOException {
    BufferedReader br = new BufferedReader(new InputStreamRead
er(System.in));

    System.out.print("スタート：");
    String str = br.readLine();
    double num = Double.parseDouble(str);

    int repeat_num = 20000;
    double max=0, min=3;

    [ for 文で 1 から repeat_num-1 まで ]
    [ sin 関数×3 の計算を繰り返す。 ]

    [ for 文で repeat_num から repeat_num+100 まで ]
    [ sin 関数×3 の計算を繰り返す。 ]
    [ この for 文の中で、Math.max と Math.min を使って、 ]
    [ 大きい値と小さい値を変数 max と min に入れる。 ]

    [ for 文が終了後、最大値と最小値を表示する。 ]
  }
}
```

第 5 回　文字列操作の演習 のヒント

課題 05_1　と　課題 05_2

```
package 秋学期;
import java.io.*;

public class 課題05_1 {
  public static void main(String [] args) throws IOException {
    BufferedReader br = new BufferedReader(new InputStreamRead
er(System.in));
    System.out.print("文字列：");
    String str = br.readLine();

    [ 変数 str のピを取り除きましょう。 ]
    [ 変数 str のカを取り除きましょう。 ]
    [ 変数 str のチュを取り除きましょう。 ]
    [ 変数 str のウを取り除きましょう。 ]

    [ 変数 str の文字数が 0 ならば「ピカチュウ語です。」
      と表示し、そうでないならば「ピカチュウは話せません。」
      と表示しましょう。 ]
  }
}
```

```
package 秋学期;
import java.io.*;

public class 課題05_2 {
  public static void main(String [] args) throws IOException {
    BufferedReader br = new BufferedReader(new InputStreamRead
er(System.in));
    System.out.print("数字：");
    String str = br.readLine();
    int num10 = Integer.parseInt(str);

    String hexspeak = [ num10 を 16 進数に変換 ];

    [ hexspeak の中の 0 を O に、1 を I に、5 を S に変換しましょう。 ]
    [ hexspeak の中の小文字を大文字に変換しましょう。 ]

    System.out.println("変換後："+hexspeak);

    String hexspeak2 = hexspeak;

    [ hexspeak2 の中の数字を取り除きましょう。 ]

    [ hexspeak の文字数と hexspeak2 の文字数が同じならば、
      「Hexspeak 語です。」と表示し、そうでないならば
      「Hexspeak 語ではないです。」と表示しましょう。 ]
  }
}
```

第 6 回　並び替えの演習　のヒント

課題 05_3　と　課題 06_2

```
package 秋学期;
import java.io.*;

public class 課題 05_3 {
  public static void main(String [] args) throws IOException {
    BufferedReader br = new BufferedReader(new InputStreamRead
er(System.in));

    System.out.print("開始：");
    String str = br.readLine();
    int num = Integer.parseInt(str);

    System.out.print("減算：");
    str = br.readLine();
    int minus = Integer.parseInt(str);

    String connect_num="";

    [while 文を使い、num が 0 より大きい間、繰り返しましょう。]
    [  while 文の中で、                                        ]
    [  connect_num に num を繋げましょう。                      ]
    [  num の数を minus の数だけ減らしましょう。                ]

    System.out.println(connect_num);
  }
}
```

```
package 秋学期;
import java.io.*;

public class 課題 06_2 {
  public static void main(String [] args) throws IOException {
    BufferedReader br = new BufferedReader(new InputStreamRead
er(System.in));
    System.out.print("文字列：");
    String str = br.readLine();

    char[] moji = new char[str.length()];

    for(int i=0; i<moji.length; i++) {
      moji[i] = str.charAt(i);
    }

    char tmp;

    for( [                    ] ) {
      for( [                    ] ) {
        [moji[i]が moji[j]より大きいならば、入れ替える。]
      }
    }

    [並び替えた文字を表示。]
  }
}
```

課題 06_3　と　課題 06_4

```
package 秋学期;
import java.io.*;

public class 課題06_3 {
  public static void main(String [] args) throws IOException {
    BufferedReader br = new BufferedReader(new InputStreamRead
er(System.in));
    System.out.print("数字：");
    String str = br.readLine();

    String[] number = str.split(" ",0);
    int[] num = new int[number.length];

    for(int i=0; i<number.length; i++) {
        num[i] = Integer.parseInt(number[i]);
    }

    [for 文を使い、小さい順に並び替えましょう。]

    [並び替えた数字を表示しましょう。]

    [最小値を表示しましょう。]
    [最大値を表示しましょう。]
    [中央値を表示しましょう。]
  }
}
```

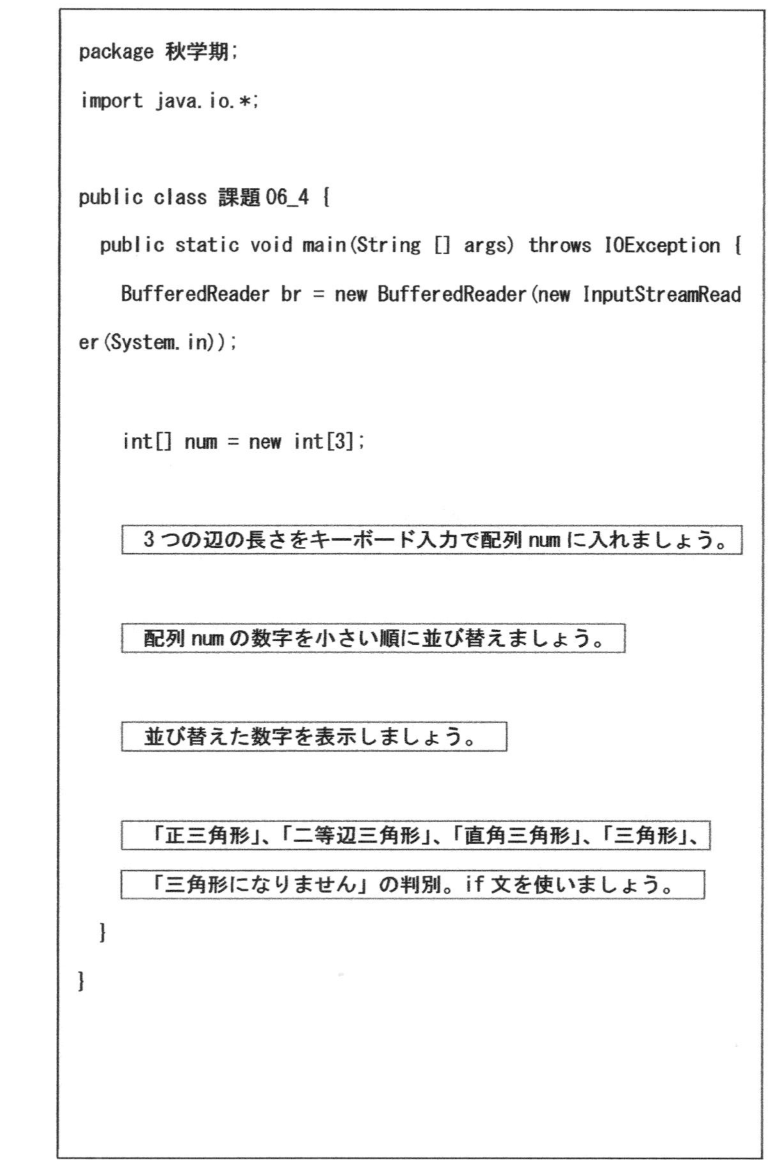

```
package 秋学期;

import java.io.*;


public class 課題06_4 {

  public static void main(String [] args) throws IOException {

    BufferedReader br = new BufferedReader(new InputStreamRead
er(System.in));


    int[] num = new int[3];


    [3つの辺の長さをキーボード入力で配列 num に入れましょう。]


    [配列 num の数字を小さい順に並び替えましょう。]


    [並び替えた数字を表示しましょう。]


    [「正三角形」、「二等辺三角形」、「直角三角形」、「三角形」、]
    [「三角形になりません」の判別。if 文を使いましょう。]
  }
}
```

第 7 回　クラス（1）のヒント

課題 07_1　と　課題 07_2

```
package 秋学期;
import java.io.*;

public class 課題 07_1 {
  public static void main(String [] args) throws IOException {
    BufferedReader br = new BufferedReader(new InputStreamRead
er(System.in));
    System.out.print("半径 : ");
    String str = br.readLine();
    double input = Double.parseDouble(str);

    Cal keisan = new Cal();
    keisan.hankei = input;

    System.out.println("円周は、"+keisan.circle_length()+"cm で
す。");
    System.out.println("円の面積は、"+keisan.circle_size()+"cm2
です。");
    [          球の体積の表示          ]
  }
}

class Cal {
  double hankei;

  double circle_length() {
    double result = 2*hankei*Math.PI;
    return result;
  }
  double circle_size() {
    return hankei*hankei*Math.PI;
  }
  double ball_size() {
    [   球の体積を計算し、return で値を返す。   ]
  }
}
```

```
package 秋学期;
import java.io.*;

public class 課題 07_2 {
  public static void main(String [] args) throws IOException {
    BufferedReader br = new BufferedReader(new InputStreamRead
er(System.in));
    System.out.print("年 : ");
    String str = br.readLine();
    int input = Integer.parseInt(str);
    Info check = new Info();
    check.number = input;
    check.uruu();
    check.eto();
  }
}

class Info {
  int number;

  void uruu() {
    if(number%400==0)
        System.out.println("うるう年です。");
    else if( [ 100 で割り切れる場合 ] )
        [ 「うるう年ではないです。」を表示 ]
    else if( [ 4 で割り切れる場合 ] )
        [ 「うるう年です。」を表示 ]
    else
        [ 「うるう年ではないです。」を表示 ]
  }
  void eto() {
    if(number%12==0)
        System.out.println("干支は、さるです。");
    else if(number%12==1)
        System.out.println("干支は、とりです。");
    [        else if で、他の干支を表示        ]
    else
        System.out.println("干支は、不明です。");
```

第8回　クラス（2）のヒント

課題07_3　と　課題08_1

```
プログラムの上部は省略。
class 課題07_3内、以下を追加します。
    keisan.factorial(input1);
    keisan.factorial(input2);
    keisan.C(input1,input2);


class Cal2 {
  void sum(int number)と void P(int number1, int number2)は
  省略します。

  void factorial(int number) {
      int result = 1;
      for( [ i を1から number まで繰り返す ] ) {
          result = [ result に i をかける ];
      }
      System.out.println(number+"！は、"+result+"です。");
  }

  void C(int number1, int number2) {
      int result1 = 1;
      for( [ i を number1 から number1-number2+1 まで繰り返す ] ){
          result1 = [ result1 に i をかける ];
      }

      int result2 = 1;
      for( [ i を1から number2 まで繰り返す ] ) {
          result2 = [ result2 に i をかける ];
      }

      System.out.println(number1+"C"+number2+"は、"+
(result1/result2)+"です。");
  }
}
```

```
プログラムの一部分を取り出しています。

public class 練習08_1 {
  public static void main(String [] args) {
    Student tanaka = new Student();
    tanaka.print_humaninfo();
    System.out.println();
    tanaka.gakubu = "情報コミュニケーション";  tanaka.grade =
1;  tanaka.id = 1234567;
    tanaka.gender = "男";  tanaka.height = 190;  tanaka.weight
= 80;
    tanaka.print_studentinfo();
    [ ここで print_classinfo メソッドを呼び出します。 ]
  }
}

class Student extends Human {
      String gakubu;  int grade;  int id;

      Student() {
            gakubu = "不明";  grade = -999;  id = -999;
      }
      void print_studentinfo() {
            System.out.println(" 性 別 : "+gender+"    身 長 :
"+height+"cm  体重："+weight+"kg");
            System.out.println(gakubu+"学部  "+grade+"年  ");
            System.out.println("学生番号："+id);
      }
      [ ここに print_classinfo メソッドを作ります。 ]
}
```

課題 08_2　と　課題 08_3

課題 08_2

プログラムの一部分を取り出しています。

```
class Common {
  [フィールドで変数 english を定義。]

  [コンストラクタで english に-999 を入れる。]
}

class Bunkei  extends Common{
  [フィールドで変数 japanese と social を定義。]

  [コンストラクタで japanese と social に-999 を入れる。]

  [sum メソッドで english と japanese と social の合計点を
   求めましょう。]
}
```

課題 08_3

プログラムの一部分を取り出しています。

```
double ave() {
    double goukei = 0;

    [5教科の点数の合計を求めましょう。]

    return goukei / 5;
}

int diff() {
    int max_value=0, min_value=100;

    [for 文を使い、最高点と最低点を求めましょう。]
    [最高点と最低点の値を max_value,min_value に入れましょう。]

    return max_value-min_value;
}
```

第 9 回　クラス（3）のヒント

課題 09_2　と　課題 09_3

課題 09_2

プログラムの一部分を取り出しています。

```
class Square implements Shape {
    double length;

    public double area() {
        [面積の計算]
        return □;
    }

    public double volume() {
        [体積の計算]
        return □;
    }
}
```

課題 09_3

プログラムの一部分を取り出しています。

```
void print_good() {
    int max_value = 0;
    int max_id = 0;

    for(int i=1; i<=5; i++) {
        if(point[i] > max_value) {
            max_value = □;
            max_id = □;
        }
    }
    [max_id の科目を表示する。]
}
```

第 10 回　復習問題 のヒント

課題 10_1

課題 10_1

String Odd_Or_Even()

String 型の number を int 型に変換し、int 型の num10 に入れる。
String 型の kind を用意。
num10 を 2 で割ったときの余りが 0 なら kind を偶数。
それ以外ならば奇数。
kind を return する。

String Binary()

String 型の number を int 型に変換し、int 型の num10 に入れる。
int 型の num10 を 2 進数に変換し、String 型の num2 に入れる。
num2 を return する。

---

int Number_Of_1_Binary()

String 型の number を int 型に変換し、int 型の num10 に入れる。
int 型の num10 を 2 進数に変換し、String 型の num2 に入れる。
for 文で 0～num2.length()-1 繰り返し、
chaAt を使い、1 の数を int 型の count でカウントする。
count を return する。

```
int Number_Of_1_Binary() {
  int num10 = [          ];
  String num2 = [          ];
  int count=0;

  for(int i=0; i<num2.length(); i++) {
      if( [ num2 の i 番目の文字が 1 ] )
          count++;
  }
  return count;
}
```

第5章 その他

家のパソコンへの Eclipse インストール

家など、学校以外のところで Eclipse を使いたい人は参考にして下さい。

日本語化された Eclipse のダウンロード

日本語化された Eclipse は以下のサイトでダウンロードできます。

- **Pleiades - 統合開発環境 Eclipse 日本語化プラグイン**
  http://mergedoc.osdn.jp/

ダウンロードファイルの選択

- まずサイトを開き、バージョンを選びましょう。
  特にバージョンのこだわりが無いようでしたら、最新バージョン（2017 年 2 月現在の最新バージョンは「Eclipse 4.6 Neon Pleiades All in One」）を選びましょう。
- 次に OS、言語などに対応するダウンロードファイルを選びます。
  例えば、インストールするパソコンが Windows 64 ビット対応であれば、「Windows 64bit」-「Full Edition」-「Java」のリンクを選びます。

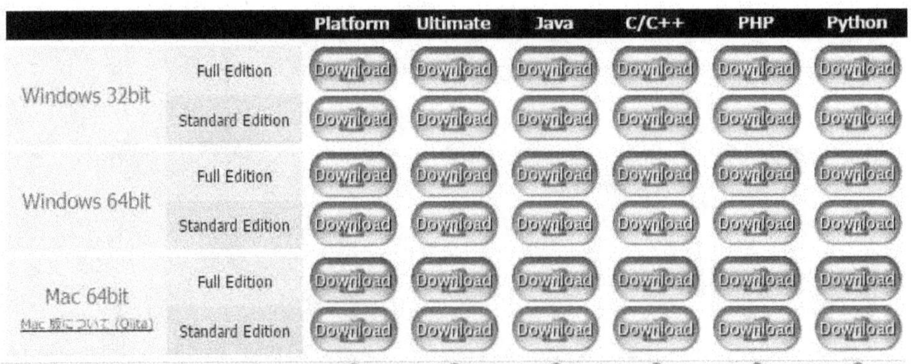

		Platform	Ultimate	Java	C/C++	PHP	Python
Windows 32bit	Full Edition	Download	Download	Download	Download	Download	Download
	Standard Edition	Download	Download	Download	Download	Download	Download
Windows 64bit	Full Edition	Download	Download	Download	Download	Download	Download
	Standard Edition	Download	Download	Download	Download	Download	Download
Mac 64bit Mac 版について (Qiita)	Full Edition	Download	Download	Download	Download	Download	Download
	Standard Edition	Download	Download	Download	Download	Download	Download

- Full Edition は Eclipse 実行用の Java が付属しており、環境設定などが不要でとてもインストールが簡単です。ここでは Full Edition で進めていきます。

- ファイルのダウンロード
  - リンクをクリックすると、ダウンロードが開始します。
  - ファイルサイズが約 1GB と大きいので、ダウンロードに時間がかかります。
  - ダウンロードが終了すると、pleiades-4.6.2-java-win-64bit-jre_20161221.zip のようなファイルが現われます。

- ファイルの解凍
  - ダウンロードしたファイルが zip 形式で圧縮されているので、解凍する必要があります。
  - zip ファイルの上で「右ボタン」→「すべて展開」をクリックしましょう。
  - 解凍にはかなりの時間がかかります。時間に余裕がある時に行ないましょう。
  - 解凍中、ファイル名、フォルダ名、パスなどが長すぎてエラーが起こる場合は、zip ファイルの名前を短くしてみたり、パスが短くなるフォルダに zip ファイルを移動してみたりして、解凍しましょう。

- フォルダの移動
  - 解凍すると、「pleiades」フォルダが出てきます。
  - 「pleiades」フォルダを C ドライブの「Program Files」フォルダなどに移動しましょう。

- Eclipse の起動をしやすくしましょう。
  - 「pleiades」→「eclipse」→「eclipse.exe」が Eclise の起動ファイルです。
  - Windows10 であれば、「eclipse.exe」の上で「右ボタン」→「スタート画面にピン留めする」をすると、スタート画面から Eclipse を起動できます。
  - また、「eclipse.exe」の上で「右ボタン」→「送る」→「デスクトップ（ショートカットを作成）」をすると、デスクトップから起動できます。

ファイル入力

ファイルを読み込む処理について、学びます。

練習プログラム

```
package 春学期;
import java.io.*;

public class 練習15_1 {
    public static void main(String [] args) throws IOException {
        System.out.print("郵便番号：");
        BufferedReader br = new BufferedReader(new InputStreamReader(System.in));
        String str = br.readLine();
        int input_code = Integer.parseInt(str);

        BufferedReader fr = new BufferedReader(new InputStreamReader(new FileInputStream("【ここにはファイルへのパスが入ります】¥¥プログラミング実習¥¥13TOKYO.CSV"),"SJIS"));

        String[] data = new String[10];
        int check = 0;

        while((str = fr.readLine())!=null) {
            data = str.split(",", 0);

            for(int i=1; i<=9; i++) {
                data[i] = data[i].replaceAll("¥"","");
            }
            int zip_code = Integer.parseInt(data[2]);

            if(zip_code==input_code) {
                System.out.println(input_code+"の住所は、"+data[6]+" "+data[7]+" "+data[8]+"です。");
                check = 1;
            }
        }

        if(check==0) {
            System.out.println(input_code+"の住所は見つかりませんでした。");
        }

        fr.close();
    }
}
```

出力結果：

郵便番号：1680064

1680064 の住所は、東京都 杉並区 永福です。

- ファイルのダウンロード
  - 郵便局のホームページ：
    http://www.post.japanpost.jp/zipcode/dl/kogaki-zip.html
  - 「東京都」をクリックし、ファイル（13tokyo.zip）をダウンロードしましょう。
  - このファイルを解凍し、解凍後の「13TOKYO.CSV」を使います。
  - このファイルを「プログラミング実習」のフォルダに移動しましょう。。

- ファイルへのパス
  - 「プログラミング実習」のフォルダに移動した「13TOKYO.CSV」の上で「右ボタン」→「プロパティ」をクリックし、出てきたウィンドウの「場所」に書かれているのが、このファイルへのパスです。
  - ¥を文字として扱うため、¥の前に¥を入れます。（すなわち¥を¥¥にします。）

- while((str = fr.readLine())!=null)
  - 読み込んだ行が空(null)でない限り、読み込みを繰り返します。

- data = str.split(",", 0);
  - 読み込んだ１行分をカンマ(,)で分割し、配列 data に入れます。

- data[i] = data[i].replaceAll("¥"","");
  - data[i]の中の「”」を「何もなし」に置き換えます。”を文字として扱うため、”の前に¥を入れています。

今日の課題

- 課題 15_1：住所が見つからない場合、数字の近い郵便番号の住所を表示しましょう。

```
出力結果：
郵便番号：1688555
1688555 の住所は見つかりませんでした。
近い郵便番号は、1690051 です。
1690051 の住所は、東京都 新宿区 西早稲田（その他）です。
```

  - 近い郵便番号の値とその住所などを記録する変数を用意します。
    int near_code = 9999999;　　String[] near_data = new String[10];
  - もし入力した郵便番号と、読み込んだデータの郵便番号が同じでない場合は、２つの郵便番号の差を求め、これまでで一番近い郵便番号との差と比較し、差が小さくなっている場合は、near_code,near_data の値を更新します。

```
else if(Math.abs(zip_code-input_code) < Math.abs(near_code-input_code)) {
```

Math.abs は絶対値を求める関数です。Math.abs(8) = 8、Math.abs(-8) = 8

www.ingramcontent.com/pod-product-compliance
Lightning Source LLC
Chambersburg PA
CBHW080422060326
40689CB00019B/4347

* 9 7 8 1 5 4 4 1 7 9 2 8 5 *